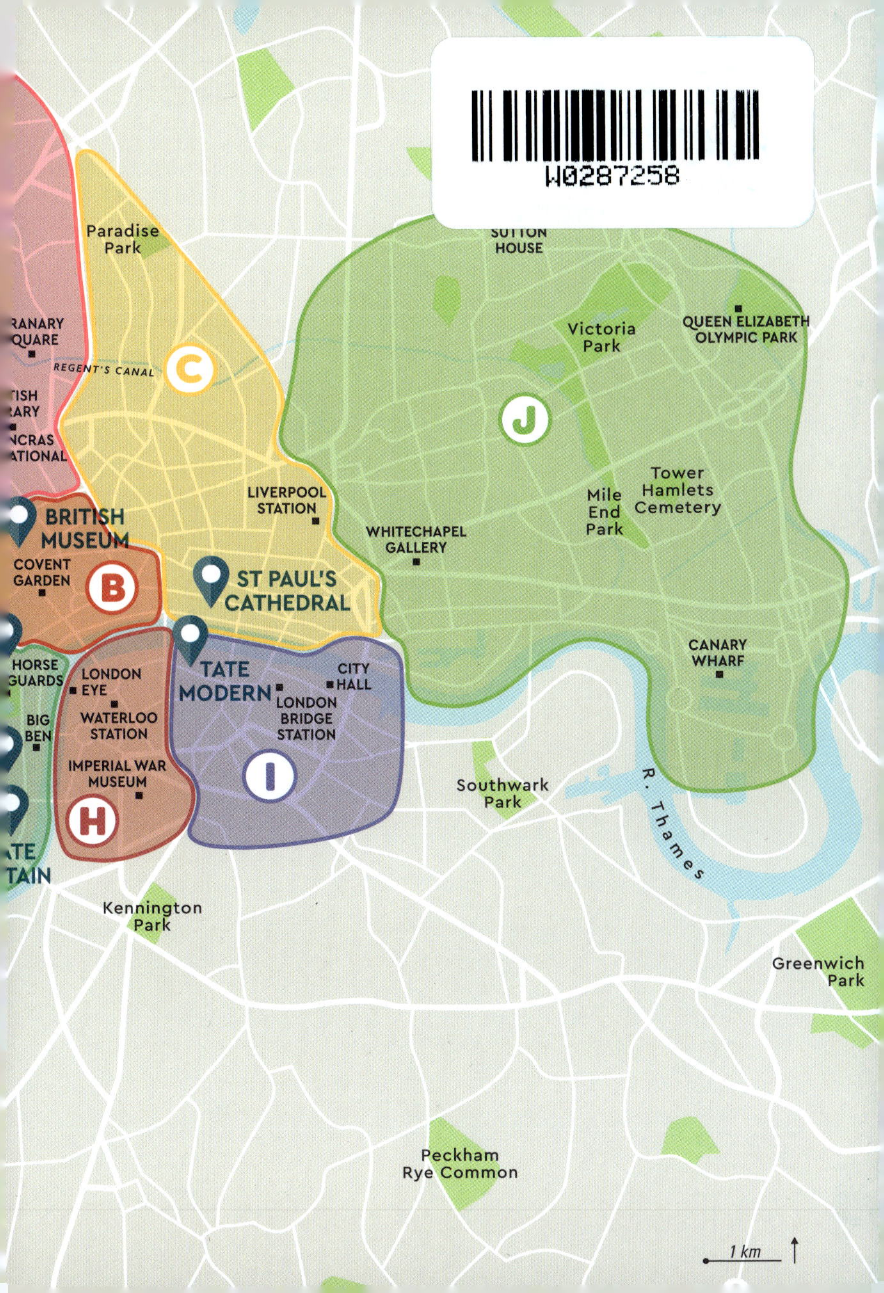

SUTTON HOUSE
Paradise Park
RANARY QUARE
REGENT'S CANAL
C
TISH RARY
NCRAS ATIONAL
Victoria Park
QUEEN ELIZABETH OLYMPIC PARK
J
LIVERPOOL STATION
Tower Hamlets Cemetery
Mile End Park
BRITISH MUSEUM
WHITECHAPEL GALLERY
COVENT GARDEN
B
ST PAUL'S CATHEDRAL
TATE MODERN
CITY HALL
LONDON BRIDGE STATION
CANARY WHARF
HORSE GUARDS
LONDON EYE
WATERLOO STATION
BIG BEN
IMPERIAL WAR MUSEUM
I
H
Southwark Park
R. Thames
TE TAIN
Kennington Park
Greenwich Park
Peckham Rye Common
1 km

BIENVENUE À

LONDRES

Ville sans réel centre, si grande et si décousue,
à la pointe de l'avant-garde et pourtant si traditionnelle...
Née double autour de la City et de Westminster, inséparable
de sa Tamise, Londres a annexé de multiples villages
pour s'étendre et s'unifier. De là ce puzzle de quartiers
aux identités fortes : Saint James's et ses institutions ;
le West End et ses music-halls ; Chelsea et ses demeures
d'écrivains ; le fantasque Notting Hill ; et ces anciens
faubourgs devenus des fiefs de la branchitude,
tels qu'Islington, Clerkenwell et l'East End.
Londres, c'est aussi une mode, une scène ou un genre toujours
en avance sur le continent, à capter sur un *street food market*,
devant la vitrine d'un créateur, dans un bar à concerts
ou sur le dance-floor vibrant d'un night-club...

Avec Cartoville, la ville s'ouvre à vous !

Retrouvez dans ce guide toutes les bonnes adresses de Coralie Grassin.
Londonienne de cœur, Coralie vit depuis 20 ans à Londres.

SOMMAIRE

INCONTOURNABLES

A

Westminster

Le centre politique et religieux du pays ! On écoute le timbre légendaire de Big Ben et on se laisse éblouir par les vertigineuses voûtes de l'abbaye, panthéon de l'Angleterre.

A

Buckingham Palace

Devant le palais de la reine, on assiste, médusé, à l'immuable relève de la garde, avec ses soldats à la tunique rouge et au bonnet à poil d'ours !

A

National Gallery

Plus de 2 000 œuvres d'art pour un panorama unique de l'histoire de la peinture européenne du XIIIe s. au XIXe s., et des expositions de première classe.

B

British Museum

L'un des plus anciens et des plus riches musées de la planète ! Sous la verrière céleste de sa Great Court, plus de 7 millions d'objets représentant presque toutes les cultures et les civilisations passées et actuelles.

C

Saint Paul's Cathedral

Au milieu de la City, la cathédrale Saint-Paul et son gigantesque dôme, imaginé pour rivaliser avec celui de Saint-Pierre de Rome, forment un point de repère cher au cœur des Londoniens.

E

Hyde Park

Véritable poumon vert, Hyde Park cumule les superlatifs : c'est le plus vaste, le plus ancien, et surtout, le plus populaire parc de Londres !

A

Tate Britain

Un formidable tour d'horizon de la peinture britannique de 1500 aux années 1960, à découvrir au long d'un parcours chronologique épatant. Pour tous les amoureux de Turner, Blake et Moore, par ici la visite !

I

Tate Modern

Le temple de l'art moderne et contemporain, dans une ancienne centrale électrique. Mais aussi des installations géantes, une terrasse panoramique et des événements qui décoiffent !

D F J

Marchés londoniens

De Camden Market à Portobello Road, en passant par les *street food markets*, les marchés sont un incontournable de la vie londonienne.

F

Notting Hill

Que l'on parcoure son marché d'antiquités sur Portobello Road, que l'on admire ses charmantes maisonnettes aux tons pastel ou que l'on défile lors de son carnaval, la cosmopolite Notting Hill séduit à coup sûr !

LONDRES AUTREMENT

D PIQUER UNE TÊTE DANS UN ÉTANG

Une envie de se baigner en plein air ? La solution la plus traditionnelle serait de se diriger vers Hyde Park et son Serpentine Lido, mais les périodes d'ouverture sont limitées. Alors, cap sur Hampstead Heath. Là, trois *swimming ponds* vous accueillent : pour femmes, pour hommes et mixte. L'eau est fraîche toute l'année et pourtant la baignade hivernale, tôt le matin, est très populaire !

→ **Hampstead Heath Swimming Ponds** Tél. 020 7485 3873 Tlj. à partir de 7h Seul l'étang mixte est fermé en hiver Tarif £4,50

→ **Serpentine Lido** Hyde Park Juin-août : tlj. 10h-18h Tarif 4,80£

B CHANTER AU CINÉMA !

Oui, vous avez bien lu ! Le cinéma The Prince Charles organise des séances où les spectateurs chantent en chœur (*sing along*) sur leurs films préférés comme *Dirty Dancing*, *The Rocky Horror Picture Show*, *The Sound of Music*, *Grease*...
Il propose aussi des séances classiques, des rétrospectives et des projections pendant lesquelles l'audience joue les répliques (*quote along*) de films cultes. Une expérience unique.

→ **The Prince Charles Cinema** 7 Leicester Pl. Tél. 020 7494 3654 (rés.) www.princecharlescinema.com 17£ la place d'une séance chantée

E PRENDRE UN AFTERNOON TEA

Chez Selfridges, sur les banquettes bleues de sa célèbre brasserie Art déco, savourez un *afternoon tea* pas ordinaire avec scones, petits sandwichs et gâteaux... plongés dans un bain de bleu, avec variations turquoise ou indigo ! L'occasion d'admirer le *Pégase* de Damien Hirst, une sculpture monumentale en cristal du cheval ailé.

⟶ **Selfridges** Brasserie of Light 400 Oxford St
Tél. 020 3940 9600 www.brasserie-of-light.co.uk
Tlj. 15h-17h Afternoon tea 35£

B ASSISTER À UNE COMÉDIE MUSICALE

Londres est le berceau du spectacle musical, qui y est né au milieu du XIXe s. Pantomime (spectacle hilarant pour petits et grands entre commedia dell'arte et comédie musicale) pendant les fêtes de Noël et du Nouvel An, ou comédies musicales toute l'année comme *Wicked*, *Billy Elliot*, *Mathilda*, *Hamilton*, *The Book of Mormon*, *The Woman in Black*... Il y en a pour tous les goûts ! Au kiosque TKTS, profitez de réductions sur les spectacles du jour même ou du lendemain !

⟶ TKTS The Lodge, Leicester Square (voir p. 16)
⟶ www.londonboxoffice.fr propose également des réductions
⟶ www.timeout.com/london pour les pantomimes

J SUR LE PLUS LONG TOBOGGAN DU MONDE

L'ArcelorMittal Orbit est le plus long et le plus haut toboggan du monde ! Plus grande œuvre d'art publique d'Angleterre, cette sculpture d'Anish Kapoor a été créée pour les Jeux olympiques de 2012. Elle offre de superbes points de vue sur Londres, et un toboggan y a été construit six ans plus tard, avec l'aide de l'artiste allemand Carsten Höller. Frissons garantis pendant cette descente vertigineuse de 40 secondes !

→ **ArcelorMittal Orbit** Queen Elizabeth Olympic Park 5 Thornton St Tél. 0333 8008 099 Ven.-lun. 11h-15h Tarif 11,50-16,50£ Réservation en ligne recommandée www.arcelormittalorbit.com

I DÉFILER AVEC LA COLOUR WALK

Revêtez vos habits les plus chamarrés, ajoutez vos accessoires les plus fous et rejoignez la tribu haute en couleurs qui, une fois par mois, illumine les rues de Spitalfields. Créée en 2016 par les inimitables Sue Kreitzman et Florent Bidois, la Colour Walk, c'est la Pride des couleurs !

→ **Colour Walk** (J A3) Spitalfields Market Tous les mois www.facebook.com/londoncolourwalk

(F) PARADER AVEC LES TECKELS

Vous aimez les chiens ? Vous aimerez les Sausage Walks à Kensington Gardens ! Non, rien à voir avec la nourriture : la saucisse, c'est aussi le surnom du teckel, ce petit chien long et court sur pattes... Les propriétaires de teckels paradent avec leurs protégés, allant même jusqu'à les déguiser, notamment lors des fêtes de fin d'année. Un rassemblement décalé à ne pas manquer...

→ Au nord-est des Kensington Gardens, près des Italians Gardens. Un groupe de 1 500 propriétaires de chiens se donnent rendez-vous sur www.meetup.com/fr-FR/Hydepark-Sausage-Walk Quelques dates de rassemblements de canidés sur www.thelondog.com

(I) SILENT DISCO EN HAUT D'UN GRATTE-CIEL

En haut du Shard, le plus haut des gratte-ciel londoniens, des centaines de personnes dansent dans le plus grand silence... C'est la Silent Disco, une expérience unique où chacun, un casque sur les oreilles, écoute l'une des trois bandes-son mixées *live* par autant de DJ ! Et si l'on veut se déhancher au même rythme que son voisin, il suffit de régler ses écouteurs sur la même couleur.

→ **Silent Disco - The View from the Shard**
32 London Bridge St Tél. 0844 499 7111 Samedi soir
Horaires et réservation sur www.theviewfromtheshard.com/whats-on/silent-disco

LONDRES EN 3 JOURS

JOUR 1 .... A B

MATIN

Le cœur de Londres est à **Westminster**, dans le quartier A ! On immortalise la façade du Parlement, la célèbre Clock Tower, et Big Ben remise à neuf, depuis Westminster Bridge. Il n'y a qu'un pas jusqu'à l'abbaye de Westminster, panthéon de l'Angleterre depuis le XIe s. Traverser St James's Park pour se rendre aux **Horse Guards** et assister à la relève de la cavalerie royale – moins courue mais tout aussi cadencée que celle qui se tient à Buckingham Palace ! Déjeuner au **Wolseley**, brasserie chic et glamour de St James's, avant de se lancer dans la découverte de sept siècles de peinture européenne à la **National Gallery**.

APRÈS-MIDI

Continuer son chemin vers **Covent Garden** et ses spectacles de rue ; poursuivre par une bonne séance de lèche-vitrines dans les rues en étoile autour de Seven Dials, puis chasse au trésor à **Soho** chez les disquaires de Berwick Street. Arrivé à **Chinatown**, on change de continent !

On adore...
Siroter une pinte au Lamb & Flag (**B** C4) à 18h quand l'ambiance bat son plein et la foule envahit le trottoir !

SOIR

Profiter de l'ambiance électrique d'une soirée à **Soho**, où l'on observe à loisir le look des noctambules. Les pubs, restaurants et clubs ne manquent pas et promettent une vibrante soirée !

JOUR 2 .... C H I

MATIN

Promenade hors du temps dans les ruelles de Temple, avant de gagner la **City**. Après la visite de **St Paul's Cathedral**, on admire l'architecture de fer et de verre du Leadenhall Market puis des gratte-ciel de la City. Pause déjeuner dans l'oasis de **St Katharine Docks**, d'anciens docks réhabilités, avec une marina bordée de cafés et de restaurants.

Se régaler à Borough Market
Chez Scotchtails, on achète des *scotch eggs*, œufs enroulés de chair à saucisse ou en option végétarienne. À déguster au bord de la Tamise : miam !

APRÈS-MIDI

Se laisser éblouir par les joyaux de la couronne à la **Tower of London** ou continuer son chemin vers l'iconique **Tower Bridge**. Puis emprunter la Queen's Walk, promenade piétonne le long du fleuve. Pause dans le très contemporain **City Hall**.
Après s'être restauré au Borough Market, palpitant marché de *street food*, direction la **Tate Modern**, immense temple de l'art moderne et contemporain installé dans une ancienne centrale électrique !

SOIR

Soirée sur **The Cut**, rue branchée de la rive sud. Après le dîner, on peut assister à une pièce de théâtre, si l'on a réservé, avant de se fondre dans la foule des clubbers du **Ministry of Sound** : hypnotique !

JOUR 3 .... B D J

MATIN

Dans les marchés de l'**East End**, on déniche des pièces de créateur sous la halle superbe d'**Old Spitalfields Market** et des meubles et vêtements vintage sur **Brick Lane** et dans **The Old Truman Brewery** (Vintage Market et Upmarket le dim.). Finir par le marché aux fleurs de Columbia Road (le dim.) aux airs de village. Qu'il fait bon y faire une pause café !

Sunday roast

Le *Sunday roast* est le classique des pubs servi le dimanche. Au menu : viande et pommes de terre rôties, *Yorkshire pudding*, sauce au jus de viande (*gravy*) et légumes vapeur. Une expérience 100% *british* !

APRÈS-MIDI

Un saut en bus ou en métro pour aller déjeuner à l'ouest, sur les terrasses de **Granary Square**. Il y a l'embarras du choix entre pubs au bord de l'eau et cantines branchées de **Coal Drops Yard**. Si l'on ne veut pas s'attabler, on choisit parmi les *food trucks* postés sur la place ! Après avoir joué ou s'être rafraîchi sur le miroir d'eau, se diriger vers Camden

en empruntant le bucolique **Regent's Canal Towpath**, un petit coin de campagne en pleine ville !
Plonger dans les **Camden Markets**, marchés aux puces, royaume de la fripe ! Repos bien mérité sur les pentes verdoyantes de **Primrose Hill** où l'on profite d'une vue imprenable sur la ville.

SOIR

Manger à l'heure anglaise dans un pub pour ensuite assister à une comédie musicale dans l'un des théâtres du **West End**. De quoi finir ces trois jours en beauté (on aura réservé ses places) !

BONS PLANS

POUR **NE RIEN MANQUER**

Connaître le programme !

Consultez *www.timeout.com/london* ou *www.londontheinside.com*

Réserver en ligne

London Eye, Tower of London, grandes expositions des musées nationaux, etc. Réservation en ligne obligatoire (pas de guichet) : Harry Potter Warner Bros. Studio Tour.

POUR **GAGNER DU TEMPS**

Acheter sa Visitor Oyster Card à l'avance

La solution la plus économique pour se déplacer dans Londres, à commander 15 jours avant le départ. Vous recevrez la carte à votre domicile et vous pourrez l'utiliser dans tous les transports en commun dès votre arrivée ! Voir p. 31.

→ www.visitbritainshop.com

POUR **NE RIEN DÉPENSER**

Musées nationaux gratuits !

Les collections permanentes des musées nationaux sont en accès libre ! L'occasion d'explorer les trésors de la National Gallery, de la Tate Britain, de la Tate Modern ou encore du British Museum.

Rooftops en accès libre

Terrasse de la Tate Modern (**I** A1) Panorama à 360° sur la ville et la Tamise, avec Saint-Paul en majesté.

The Garden at 120 (**C** D6) Perché sur une tour de la City, ce rooftop végétalisé tutoie les gratte-ciel alentour !

→ www.thegardenat120.com

Sky Garden (**C** D6) Un jardin panoramique au sommet du célèbre Walkie-Talkie. Accès gratuit mais réservation en ligne obligatoire.

→ www.skygarden.london

POUR **FAIRE DES ÉCONOMIES**

Prendre le London Pass ou pas ?

Ce passe donne accès à plus de 80 sites touristiques. Il peut être rentable pour découvrir les grands monuments (Tower of London, St Paul's Cathedral, Tower Bridge, Westminster Abbey...) à condition de choisir la bonne durée de passe et de visiter un maximum d'attractions. Il vous sera inutile si vous souhaitez surtout visiter les musées nationaux (gratuits). Voir p. 29.

Spectacles à petit prix au TKTS

Le kiosque TKTS sur Leicester Square (**B** C4) propose des réductions sur les spectacles du jour même ou du lendemain. Très intéressant... malgré la file d'attente !

Déjeuners musicaux gratuits

L'église St James's Piccadilly (www.sjp.org.uk) (**A** B1) et le Royal College of Music (www.rcm.ac.uk) (**G** B1)

organisent des concerts gratuits à l'heure du déjeuner.

Pre-theatres menus

Menus à prix doux (18-25£) en début de soirée (à partir de 17h45) dans les restaurants du West End.

Tours gratuits

Pour découvrir Soho ou le street art de l'East End, voir le Londres de Jack the Ripper ou de Harry Potter, joignez-vous aux visites guidées gratuites de Strawberry Tours (pourboire bienvenu).
→ **www.strawberrytours.com/london**

Tout Londres pour le prix d'un ticket de bus

Découvrez les musts de Londres pour 1,65£ depuis le pont supérieur d'un *double-decker*, en empruntant les lignes de bus 11 ou 88 ! Chelsea, Westminster, Trafalgar Square, St Paul's Cathedral, Piccadilly Circus... Tout est à portée de bus !

POUR **VOYAGER MOINS CHER**

Pour obtenir les meilleurs tarifs, réservez le plus tôt possible, soyez flexible sur les dates et voyagez en milieu de semaine.
→ **www.eurostar.com**

POUR **DÉCOUVRIR LA VILLE LOIN DES FOULES**

Havres de paix dans le centre

À deux pas de Covent Garden, dans les allées et cours intérieures de Temple (**B** F4) et de Lincoln's Inn Fields (**B** E3) ; dans la City, autour des ruines de St Dunstan-in-the-East (**C** D6) et dans les jardins du Barbican Centre (**C** C5) ; dans les ruelles de Clerkenwell (**C** B4)...

Quartiers de charme

Le Londres des Londoniens est à Islington (**C**), dans les *mews* de Chelsea (**G**), autour du bassin de Little Venice (**F** E1), dans le village de Hampstead (hors plan **D**) ou dans le chic Belsize Park (**D** A1).

Chefs-d'œuvre hors des grands musées

Pensez à la Saatchi Gallery (**G** E2), à la Victoria Miro Gallery (**C** C3), aux galeries de New Bond St (**E** D5), à la Newport Street Gallery (**H** B6) et à la célèbre Dulwich Picture Gallery (p. 26).

Nature en pleine ville

Oasis de Kyoto Garden à Holland Park (**F** B3), Italians Gardens à Kensington Gardens (**F** F2), Chelsea Physic Garden (**G** D4), Camley Street Natural Park (**D** E2).

Musées de charme

Des petits musées et des maisons-musées parfois oubliés, à tort ! Two Temple Place (**B** F4), Keats House et le Freud Museum à Hampstead (**D**).

AGENDA

JANVIER-FÉVRIER

New Year's Day Parade

Défilé festif du Nouvel An.
→ 1er jan. www.lnydp.com

Chinese New Year

Défilés, danses du dragon, etc. À Chinatown (**B** C4) et Trafalgar Square (**A** C1).
→ Fin jan.-mi-fév. www.lccauk.com

London International Mime Festival

Festival de mime au Barbican Centre (**C** C5), au Southbank Centre (**H** B2)...
→ 3 sem. fin jan. www.mimelondon.com

MARS

St Patrick's Day

L'Irlande et son saint patron à l'honneur : défilés, théâtre, fanfares.
→ 17 mars (et w.-e. le plus proche de cette date)

The Boat Race

Course d'aviron mythique opposant les universités d'Oxford et de Cambridge sur la Tamise.
→ Fin mars-déb. avr. www.theboatrace.org

AVRIL

London Marathon

Une course de 42,195 km le long de la Tamise, de Greenwich Park à St James's Park.
→ Un dim. d'avr. www.virginmoneylondonmarathon.com

MAI

Chelsea Flower Show

Floralies au Royal Hospital Chelsea (**G** E3).
→ Royal Hospital 3e ou 4e sem. de mai www.rhs.org.uk

JUIN

Trooping the Colour

Parade militaire célébrant l'anniversaire officiel de la reine le long du Mall (**A** C2).
→ 2e sam. de juin www.householddivision.org.uk

West End Live

Concert gratuit d'extraits des meilleures comédies musicales de l'année.
→ Trafalgar Sq. Dernier w.-e. de juin www.westendlive.co.uk

JUILLET-AOÛT

Wimbledon

L'un des plus fameux tournois du Grand Chelem.
→ Fin juin-déb. juil. www.wimbledon.com

The Proms

Concerts classiques au Royal Albert Hall (**G** B1).
→ Royal Albert Hall Mi-juil.-mi-sep. www.bbc.co.uk/proms

Notting Hill Carnival

Grandiose carnaval caribéen à Notting Hill (**F** B2).
→ Dernier sam., dim. et lun. d'août www.nhcarnival.org

SEPTEMBRE

London Open House

Journées du patrimoine.
→ 1er w.-e. de sep. www.open-city.org.uk

OCTOBRE

Frieze Art Fair

Foire d'art contemporain à Regent's Park (**E** C1).
→ 5 j. en oct. www.frieze.com/fairs

NOVEMBRE

Guy Fawkes Night

Feux d'artifice célébrant l'échec de la Conspiration des poudres (1605).
→ 5 nov.

London Jazz Festival

Concerts de jazz dans 50 salles de la ville.
→ 10 j. en nov. www.efglondonjazzfestival.org.uk

DÉCEMBRE

Lord Mayor's Show

Procession pour l'élection du Lord Mayor, le maire de la City of London.
→ 2e sam. de nov. www.lordmayorsshow.london

REPÈRES

L'ARCHITECTURE

STYLE GOTHIQUE (XIIE-XVIE S.)
Emploi accru de vitraux et de sculptures, pour un gothique "orné" (Westminster Abbey).

STYLE TUDOR (1485-1603)
Voûtes en éventail pour les églises, briques rouges et arcs surbaissés ou colombages à la mode flamande pour les demeures et les palais (Lady Chapel, Westminster Abbey).

STYLE BAROQUE (XVIIE-XVIIIE S)
Période marquée par le Grand Incendie (1666), un baroque tout en retenue, malgré de riches décorations, où excella Wren (St Paul's Cathedral).

STYLE GEORGIEN (1714-1830)
Des bâtiments symétriques et réguliers aux nobles façades à l'antique (Belgrave Square).

ÉPOQUE VICTORIENNE (1837-1901)
Retour à la brique avec le Gothic Revival (Houses of Parliament). De vastes structures en métal (Leadenhall Market) naissent à l'ère industrielle.

LONDRES CONTEMPORAIN
Reconstruction effrénée de la ville après le Blitz : logements en béton. Fin XXe s.-début XXIe s., style high-tech (30 St Mary Axe, The Shard).

AU **PUB**

En 1914, une heure de fermeture obligatoire est établie pour préserver l'effort de guerre. Aujourd'hui encore, la cloche tinte à 22h50 : on se rue alors au bar pour une dernière pinte !

LES **DATES CLÉS**

43	Fondation de Londinium par les Romains
IIe s.	Mur de Londres
1066	Bataille d'Hastings. Guillaume le Conquérant roi d'Angleterre
1665	La grande peste fait plus de 75000 morts
1666	Grand Incendie
1707	Capitale de l'Empire
1863	Premier métro au monde
1940-1941	Le Blitz, bombardement par l'aviation allemande
1965	Création du Grand Londres (Greater London)
2012	Jeux Olympiques
2020	Retrait du Royaume-Uni de l'Union européenne (Brexit)

Horse Guards

Buckingham Palace

★ Trafalgar Square C1

Au centre de la célèbre place conçue en 1829 par John Nash, quatre lions encadrent l'imposante colonne (1842) dédiée à l'amiral Nelson (1758-1805), célébrant la victoire de la Royal Navy sur la France et l'Espagne à Trafalgar. Le 31 décembre, la foule se masse sous le sapin de Noël géant ; le reste du temps, des artistes de rue divertissent les passants !

National Gallery C1

Une des plus riches collections au monde de tableaux de maîtres européens (XIIIe-XIXe s.). Parmi les plus célèbres, la *Pentecôte* de Giotto, le *Jules II* de Raphaël, *Les Époux Arnolfini* de Van Eyck, la *Dame debout à l'épinette* de Vermeer, *Les Tournesols* de Van Gogh…

→ Trafalgar Sq.
Tél. 020 7747 2885
Tlj. 10h-18h (21h ven.)
Entrée libre

★ National Portrait Gallery C1

Une étourdissante galerie de portraits à la gloire de ceux qui ont fait l'histoire du pays, de Thomas More aux actuels Windsor, en passant par Lady Diana et David Bowie. À voir, le seul portrait de Shakespeare peint d'après nature.

→ St Martin's Pl.
Tél. 020 7306 0055
Réouverture printemps 2023

★ Horse Guards D2

Quatre imperturbables sentinelles à cheval, portant le casque à aigrette blanche, montent la garde devant Horse Guards, quartier général des gardes royaux, entrée historique de St James's Palace et de Buckingham Palace. Le spectacle attire bien des curieux : animation à son comble lors de la relève du matin ! À observer de l'esplanade, côté St James's Park.

→ Whitehall
***Relève** Tlj. 11h (10h dim.)*
www.householddivision.org.uk

Buckingham Palace A3

Depuis que la reine Victori[a] y emménagea en 1837, ce palais à l'austère façade reste la résidence des souverains britanniques. Si les appartements ne s'ouvrent aux visiteurs qu'[en] été, la relève de la garde attire la foule toute l'anné[e]. À voir aussi, la flamboyant[e] collection de carrosses d'apparat des écuries royales (Royal Mews).

→ Tél. 0303 123 7300
*Juil.-août : tlj. 9h30-19h30 ; se[pt.-] oct. : tlj. 9h30-18h30 Dernière entrée 2h15 avant fermeture Tarif 30£ **Relève** Lun., mer., ve[n.,] dim. 11h **The Royal Mews** Fév.-*

Trafalgar Square

National Gallery

National Portrait Gallery

A

Westminster / Trafalgar Square

Trafalgar Square ouvre sur deux majestueuses avenues, The Mall et Whitehall, le long desquelles s'égrènent les symboles du pouvoir politique et religieux : résidence royale de Buckingham, ministères, Parlement, où résonne Big Ben, et Westminster Abbey. La frivolité a aussi droit de cité, avec les boutiques pour hommes de Jermyn Street. Passé Victoria Tower Gardens, des petites rues bordées de façades du XVIIIe s. serpentent autour de Smith Square. Plus au sud, on pénètre dans des quartiers résidentiels construits en grande partie à l'ère victorienne. Leur calme s'évanouit à l'approche de Victoria Station.

Regency Café

Gordon's Wine Ba

RESTAURANTS

Regency Café C4 (1)
La file s'allonge, mais tout le monde trouvera place dans cette grande salle claire inchangée depuis plus de 50 ans. Pour un petit déjeuner *british* chaleureux et populaire entouré d'habitués, une *chicken pie* ou une part de tarte accompagnée d'une boule de glace. Plat 2,70-7,50£.
→ 17-19 Regency St
Tél. 020 7821 6596
Lun.-ven. 7h-14h30, 16h-19h15 ; sam. 7h-12h

Cellarium Café C3 (2)
Traverser le cloître de l'abbaye de Westminster et s'attabler dans son ancien cellier pour de bons petits déjeuners ou un repas léger. Plat 7-9,50£.
→ 20 Dean's Yard
Tél. 020 7222 0516
Lun.-sam. 8h-16h

Giraffe A5 (3)
Assiettes de mezze, croques, burgers au bœuf ou aux falafels, épis de maïs grillés... dans un décor plein de peps. Plat 10-17£.
→ 120 Wilton Road
Tél. 020 7233 8303
Lun.-ven. 8h-23h, w.-e. 9h-23h (22h dim.)

Al Duca B1 (4)
Linguine aux palourdes, bar grillé, pâtes maison et desserts fruités, une cuisine italienne inventive dans une salle élégante. Menu 19-26£.
→ 4-5 Duke of York St
Tél. 020 7839 3090 Lun.-ven. 12h-15h, 18h-21h45

The Wolseley A1 (5)
Un "Grand Café" glamour installé dans un somptueux bâtiment de 1921. Vaisselle en porcelaine et argenterie pour goûter à une carte de brasserie britannique et française : coq au vin, œuf Bénédicte, fruits de mer, choucroute... Aussi *breakfast* et *afternoon tea*. Plat 17,50-36£.
→ 160 Piccadilly
Tél. 020 7499 6996
Lun.-ven. 7h-0h, w.-e. 8h-0h (23h dim.)

CAFÉ, CENTRE ARTISTIQUE

St James's Café C2 (6)
Une grande cabane en bois pour profiter en toute saison du parc de St James et de la vue sur le lac, le temps d'une tasse de thé ou d'un en-cas. Terrasse couverte.
→ St James's Park
Tél. 020 7839 1149
Tlj. 9h-19h (18h lun.)

Tiger Tiger

Fortnum & Mason

Jermyn Street / Floris

ICA – Institute of Contemporary Arts
C1 (7)
Un lieu insolite, à la fois galerie et cinéma, rendez-vous depuis 1948 de l'avant-garde britannique. Films underground ou classiques, spectacles, conférences et bar.
→ *The Mall*
Tél. 020 7930 3647
Expositions et librairie *Mar.-dim. 12h-21h*
www.ica.art

BARS, CLUBS

Gordon's Wine Bar
D1 (8)
Enfoui dans les tréfonds d'une cave, le plus ancien bar à vins de la capitale (1890), où le brouhaha tient lieu de musique et les bouteilles de décor. Cent crus à déguster dans une grotte éclairée à la bougie ou dehors sur la terrasse.
→ *47 Villiers St*
Tél. 020 7930 1408
Lun.-sam. 11h-23h, dim. 12h-22h

Cinnamon Club C4 (9)
Derrière la porte de l'ancienne bibliothèque de Westminster : les deux bars d'un restaurant indien de renom, pour siroter lassis et cocktails épicés. Rayons couverts de livres au rdc et projections de vieux films indiens au sous-sol. Chic et exotique !
→ *30-32 Great Smith St*
Tél. 020 7222 2555
Bars *Tlj. horaires variables*
Restaurant *Lun.-sam. 12h-14h45, 18h-22h45*

Dukes Bar B2 (10)
On se glisse dans la peau de James Bond en dégustant une fameuse "Vodka Martini, secouée, pas mélangée" dans ce bar d'hôtel très *smart*, qui aurait inspiré à Ian Fleming la célèbre réplique de son agent secret.
→ *35 St James's Pl.*
Tél. 020 7491 4840
Lun.-sam. 15h-23h

Tiger Tiger C1 (11)
Un restaurant, trois bars et deux dance-floors, sur trois niveaux. Calme et aéré le jour, Tiger Tiger bat le soir au rythme échevelé des nuits londoniennes.
→ *29 Haymarket*
Tél. 020 3325 9739
Dim.-ven. 16h-3h (23h dim.), sam. 12h-3h
www.tigertiger.co.uk

Heaven D1 (12)
Juste sous la voie ferrée de Charing Cross : *drag queens*, serveurs au torse nu et *gogo dancers*, pour un grand rendez-vous des nuits gays. Ouvert à tous les technophiles !
→ *Under The Arches, 17 Villiers St*
Tél. 020 7930 2020
Club *Jeu.-dim. 22h-4h (3h dim.)* ***Concerts*** *à partir de 18h www.heavennightclub-london.com*

SHOPPING

Dover Street Market
C1 (13)
Le fascinant "marché" avant-gardiste créé par Rei Kawakubo attire les victimes de la mode ! *Streetwear*, robes ultra chics, labels de luxe et jeunes créateurs, pour homme et femme.
→ *18-22 Haymarket*
Tél. 020 7518 0680 Lun.-sam. 11h-19h, dim. 12h-18h

Waterstones B1 (14)
On se croirait dans une bibliothèque... Il s'agit pourtant d'une librairie, avec fauteuils et sofas. Monter au 5th View Bar !
→ *203-206 Piccadilly*
Tél. 020 7851 2400 Lun.-sam. 9h-20h, dim. 12h-18h

Fortnum & Mason
B1 (15)
Exposés sous les lustres, thés, chutneys, *shortbreads*, marmelades et autres mets perpétuent l'excellence de cette maison tricentenaire. Salon de thé, restaurant et bar à vins.
→ *181 Piccadilly*
Tél. 020 7734 8040
Lun.-sam. 10h-20h, dim. 11h30-18h

Jermyn Street B1 (16)
La rue des boutiques pour hommes chic !

Turnbull & Asser
Vêtements de *gentlemen* !
→ *71-72 Jermyn St*
Tél. 020 7808 3000 Lun.-sam. 9h (9h30 sam.)-18h

Floris
Parfumeur depuis 1730.
→ *89 Jermyn St*
Tél. 020 7930 2885
Lun.-sam. 9h30-18h30, dim. 11h-17h

St James's St B1 (17)
Dans le même esprit que Jermyn Street.

Davidoff of London
Cigares.
→ *35 St James's St*
Tél. 020 7930 3079 Lun.-sam. 9h (9h30 sam.)-18h

Lobb
Chausseur, notamment de la famille royale.
→ *9 St James's St*
Tél. 020 7930 3664
Lun.-sam. 9h-17h30 (16h30 sam.)

Lock & Co
Le chapelier le plus couru, depuis 1676 !
→ *6 St James's St*
Tél. 020 7930 8874
Lun.-sam. 9h30-17h30

Buckingham Palace / Royal Mews

Churchill War Rooms

Houses of Parliament / Big Ben

Westminster Abbey

Tate Britain

ars, nov. : tlj. 10h-16h ;
ai-oct. : tlj. 10h-17h

The Queen's allery A3
es collections de la ouronne sont présentées ar roulement dans ancienne chapelle royale, bâtie en 1962 dans le style éoclassique. Tableaux e maîtres, œufs de Fabergé t mobilier français...
→ Buckingham Gate
él. 0303 123 7301
u.-lun. 10h-17h30 Tarif 17£

Churchill Var Rooms C3
urant la Seconde Guerre nondiale, ces galeries outerraines aménagées ors du Blitz abritaient le QG de Churchill et de son état major ! Reconstitution de la vie dans l'abri, suivie d'une exposition high-tech où l'on suit la guerre de près. Le Churchill Museum se visite dans la foulée : muséographie interactive très réussie pour mieux connaître le "Vieux Lion".
→ Clive Steps, King Charles St
Tél. 020 7416 5000
Tlj. 9h30-18h Tarif 26,35£

Houses of Parliament / Big Ben D3
En haut de la plus haute tour, l'horloge et la cloche la plus célèbre du monde, Big Ben, au timbre légendaire. À ses pieds, le palais de Westminster, siège du Parlement, mire sa silhouette néogothique dans les eaux de la Tamise.
→ St Margaret St
Tél. 020 7219 4114 Sam. 9h-16h15 Visite guidée uniquement et sur rés. ttes les 20-30 min www.parliament.uk/visiting Tarif 29£

Westminster Abbey D3
Le plus bel édifice religieux de Londres, chef-d'œuvre du gothique flamboyant. Sa haute voûte nervurée accueille les cérémonies de la Monarchie, tandis que l'une des chapelles conserve le trône du couronnement. L'abbatiale sert de nécropole aux plus grands hommes et femmes du pays. Le tombeau du plus illustre de tous, le saint roi Édouard le Confesseur (1042-1066), repose dans une chapelle.
→ 20 Dean's Yard
Tél. 020 7222 5152 Lun.-ven. 9h30-15h30 (18h mer.) ; sam. 9h-15h (13h sep.-avr.) ; dim. offices religieux Tarif 25£

Tate Britain D5
Ce musée du réseau Tate présente le meilleur de l'art britannique du XVIe s. à nos jours : Hogarth, Reynolds, Constable, Blake, les préraphaélites, Turner, Henry Moore, Anish Kapoor...
→ Millbank Tél. 020 7887 8888 Tlj. 10h-18h www.tate.org.uk Entrée libre

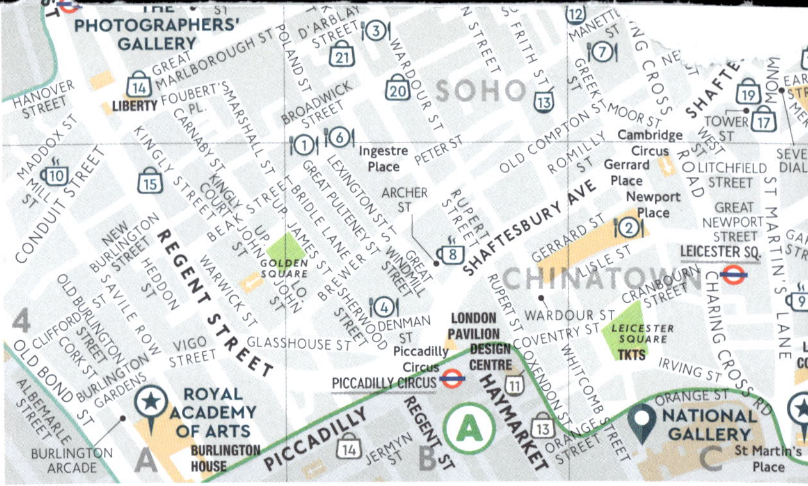

London Transport Museum

Covent Garden

British Museum C2
Fondé en 1753, le fabuleux musée d'archéologie et d'ethnologie est l'un des plus riches au monde, avec plus de 7 millions d'objets couvrant toutes les civilisations. On y croise la célèbre Pierre de Rosette, des fragments du mausolée d'Halicarnasse ou encore la frise du Parthénon. Sublime cour intérieure coiffée d'une résille de métal et de verre signée Norman Foster. Expositions temporaires de grande envergure.
→ *Great Russell St*
Tél. 020 7323 8000 Tlj. 10h-17h (20h30 ven.) Entrée libre, expositions payantes

★ **Sir John Soane's Museum** E3
Grand architecte et amateur d'art, John Soane (1753-1837) transforma sa maison en un musée sans pareil. Jeux de miroirs et panneaux coulissants dévoilent une collection d'antiquités, de livres rares et de toiles de maîtres (Hogarth, Watteau).
→ *13 Lincoln's Inn Fields*
Tél. 020 7405 2107
Mer.-dim. 10h-17h ***Visites à la bougie*** *Un ven. par mois, sur rés. Entrée libre*

★ **Temple** F4
L'ancienne possession des Templiers de 1185 à 1312, comme un enclos dans la ville. Deux des quatre écoles de droit y ont élu domicile dès le XIVe s. Autour de Middle Temple Lane, charmant dédale de ruelles et de jardinets privés, et le célèbre Middle Temple Hall où, en 1602, se joua la première de *La Nuit des rois* de Shakespeare. Plus haut, Temple Church, jolie église à rotonde du XIIe s.
→ *Fleet St et Victoria Embankment (lun.-ven.), Tudor St (tlj.) Tél. 020 7797 8250*

★ **Somerset House** E4
Autour d'une cour ornée de jets d'eau en été et d'une patinoire en hiver, le palais néoclassique de William Chambers (1786) abrite un centre expérimental (expos, performances) et deux grands musées.
→ *Strand Tél. 020 7845 460*
Courtauld Gallery
Le fonds rassemblé par l'industriel Samuel Courta (1876-1947), puis enrichi, doit sa réputation à ses toiles impressionnistes et postimpressionnistes : Pissarro, Manet, Cézanne, Monet, Renoir, Gauguin, V Gogh, Modigliani... Et rien de moins qu'une *Trinité* de Botticelli, 32 Rubens et des toiles de Turner !
→ *Tlj. 10h-18h Tarif 9£ (11£ w.*
Embankment Galleries
Expositions variées : art contemporain, design, mode, photo...

British Museum

Sir John Soane's Museu

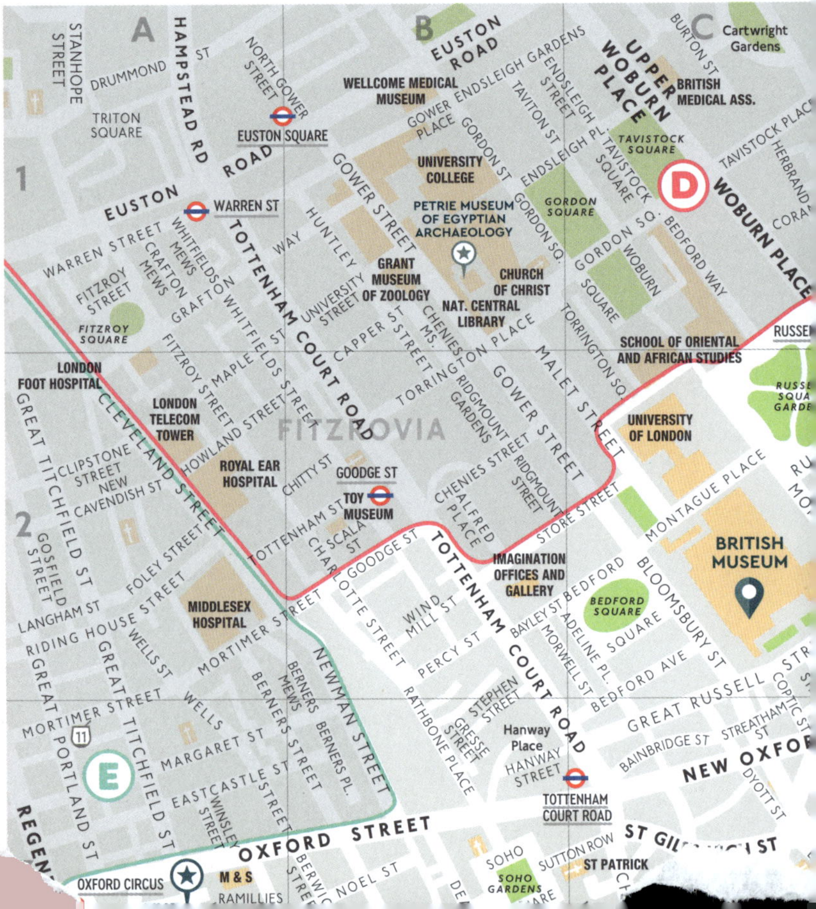

Entre Piccadilly Circus et Covent Garden règne tout au long de la journée une activité trépidante. Le jour, ce sont les boutiques chics de Regent Street et les grandes enseignes d'Oxford et de Carnaby Streets qui donnent le ton. Le soir, les théâtres drainent les amateurs de comédies musicales et d'opéra, tandis que Soho la cosmopolite offre sa multitude de restaurants, de pubs, de bars gays et de sex-shops. Plus au nord, la studieuse Bloomsbury, où se trouve l'université de Londres, déploie ses places paisibles bordées de demeures cossues, et abrite de nombreux musées dont l'extraordinaire British Museum.

Bao

Gel

RESTAURANTS

Bao B4 ①
On rentre au compte-gouttes dans ce temple du *bao*, un délicieux petit *bun* taïwanais à la vapeur, saupoudré de cacahuètes et fourré au porc braisé. *Bun* 5,50£.
→ 53 Lexington St
Tél. 020 3011 1632 Lun.-jeu. 12h-15h, 17h-22h ; ven.-dim. 12h-22h30 (17h dim.)

Bun House C4 ②
Café cantonais réputé pour ses petites brioches fourrées à la viande, moelleuses comme tout ! Les habitués commandent aussi toute une série d'assiettes alléchantes : haricots verts à la bergamote, tofu soyeux aux pousses de bambou, travers de cochon de lait… *Bun* 3,30£, plat 4-9,80£.
→ 26-27 Lisle St
Tél. 020 8017 9888 Mar.-dim. 12h-21h30 (20h30 dim.)

The Breakfast Club Soho B3 ③
Derrière la célèbre façade jaune, un antre relax où se régaler de pancakes, d'œufs Bénédicte et de *hash browns*. Plat 5-15,50£.
→ 33 D'Arblay St
Tél. 020 7434 2571 Tlj. 8h-15h

Kricket B4 ④
Avant de filer au théâtre, on s'installe au bar de cet élégant bistrot pour partager de petites assiettes inspirées d'Inde : moules épicées, patates douces fumées aux oignons grillés, noix de saint-jacques au curry de Madras… et excellents cocktails ! Plat 7-18£.
→ 12 Denman St
Tél. 020 3019 8120 Lun.-sam. 12h-14h30, 17h-22h30

Ciao Bella E1 ⑤
Une belle adresse très populaire pour se régaler de pizzas, de tagliatelles ou d'une escalope de veau au citron, le tout aux bons soins d'un amicale famille italienne. Plat 11-23£.
→ 86-90 Lamb's Conduit St
Tél. 020 7242 4119
Tlj. 12h-23h30 (22h30 dim.)

Andrew Edmunds B3 ⑥
Dans une maison du XVIIIe s., une petite salle, un comptoir et quelques tables. Le menu de saison peut proposer caille rôtie à l'aïoli, os à moelle et oignons doux ou merlu au fenouil braisé. Plat 17-23£.
→ 46 Lexington St
Tél. 020 7437 5708
Lun.-sam. 12h (12h30 sam.)-15h30, 17h30-22h45 ; dim. 13h-16h, 18h-22h30

10 Greek Street C3 ⑦
Cuisine fine et moderne dans cette brasserie au

Louche

Liberty

Grenson

décor semi-minimaliste : soupe de patates douces au yaourt, noix de saint-jacques et purée de panais, *panna cotta* aux pruneaux et à la pistache. Tapas en continu. Tapa 4-8£, plat 12-25£.
→ 10 Greek St
Tél. 020 7734 4677
Mar.-sam. 12h-22h30

GLACIER, PÂTISSERIE, SALON DE THÉ

Gelupo B4 8
Une fameuse *gelateria* où les parfums des glaces changent tous les mois. Incontournables : ricotta, griottes, vanille-safran...
→ 7 Archer St
Tél. 020 7287 5555
Mar.-sam. 11h-23h (0h ven.-sam.), dim. 12h-17h

Wa Café C4 9
Une merveille de pâtisserie japonaise où se délecter de cheese-cake au sésame grillé, de sablés au thé matcha, de petits pains marbrés à la châtaigne, de lattés aux saveurs asiatiques... Tout est si kawaï qu'on hésite entre attraper son appareil photo ou sa cuillère ! Gâteau 3,60-5,20£.
→ 5 New Row
Tél. 020 7240 5567
Tlj. 10h30-19h

Sketch A4 10
Pas moins de cinq univers au Sketch ! Pour un *afternoon tea* magique, coup de cœur pour The Glade, une forêt enchantée où se lover dans les coussins bleu-vert des canapés en rotin, et The Gallery, signée Yinka Shonibare, un nuage de douceur jaune soleil et or. Réserver. *Afternoon tea* 69£.
→ 9 Conduit St
Tél. 020 7659 4500
Tlj. 9h-0h (2h ven.-sam.)

PUB, CONCERTS, CLUB

Lamb & Flag C4 11
Un pub historique de Covent Garden. Les soirs de beau temps, on se tasse dans la ruelle avec sa pinte ! Nombreux whiskies.
→ 33 Rose St
Tél. 020 7497 9504
Dim.-ven. 12h-23h (22h30 dim.), sam. 11h-23h

Louche C3 12
Cet excellent bar à cocktails, à l'atmosphère feutrée, s'anime tous les soirs passé 22h. Concert de jazz le mercredi, programmation éclectique les autres jours : rock, DJ set, électro..., il y en a pour tous les goûts.
→ 5 Greek St
Tél. 020 3006 5911
Lun.-jeu. 17h-1h30 (2h30 mer.-jeu.), ven.-sam. 16h-2h30
www.louchesoho.com

Ronnie Scott's B3 13
De Stan Getz à Kurt Elling, les stars défilent depuis les années 1960 dans ce club légendaire du jazz et du blues, aujourd'hui plus éclectique : flamenco, claquettes, sets de DJ...
→ 47 Frith St
Tél. 020 7439 0747
Lun.-mar. 17h30-23h ; mer.-sam. 17h30-3h, 18h30-0h ; dim. 12h-16h, 18h30-23h

SHOPPING

Liberty A3 14
Ce grand magasin aux boiseries inspirées du style Tudor, réputé pour ses tissus, demeure, depuis 1875, à la pointe d'une mode raffinée.
→ Great Marlborough St
Tél. 020 3893 3062 Lun.-sam. 10h-20h, dim. 12h-18h

Hamleys A4 15
Sur sept étages, des jeux et des jouets par milliers.
→ 188-196 Regent St
Tél. 0371 704 1977 Lun.-sam. 10h-20h, dim. 12h-18h

Grenson E2 16
Pour une iconique paire de derbies ou de *chelsea boots*.
→ 40 Lamb's Conduit St
Tél. 020 3689 2970
Lun.-sam. 11h-18h (19h sam.), dim. 12h-17h

Seven Dials
Shopping tendance et éclectique.
→ www.sevendials.co.uk

Tatty Devine C3 17
Bijoux pop et déjantés.
→ 44 Monmouth St
Tél. 020 7836 2685
Lun.-sam. 11h-18h

Fly London C3 18
Chaussures et sacs tendance.
→ 37 Earlham St
Tél. 020 7240 4236 Lun.-sam. 10h-19h, dim. 11h-17h

Super Superficial C3 19
Tee-shirts hyper créatifs.
→ 22 Earlham St
Tél. 020 7240 6116
Mar.-sam. 11h30-18h (19h sam.), dim. 12h-17h

Disquaires de Soho

Sounds of the Universe B3 20
Le disquaire de l'excellent label Soul Jazz ! New wave, électro, reggae.
→ 7 Broadwick St
Tél. 020 7734 3430 Lun.-sam. 10h-18h30, dim. 11h-17h30

Sister Ray B3 21
Sa célèbre vitrine figure sur la pochette de l'album d'Oasis *(What's the Story) Morning Glory ?* En rayon : CD et vinyles neufs et d'occasion. Aussi, au n° 30, Reckless Records.
→ 75 Berwick St
Tél. 020 7734 3297
Lun.-sam. 10h-19h, dim. 12h-18h

Temple

Somerset House

St Martin-in-the-Fields

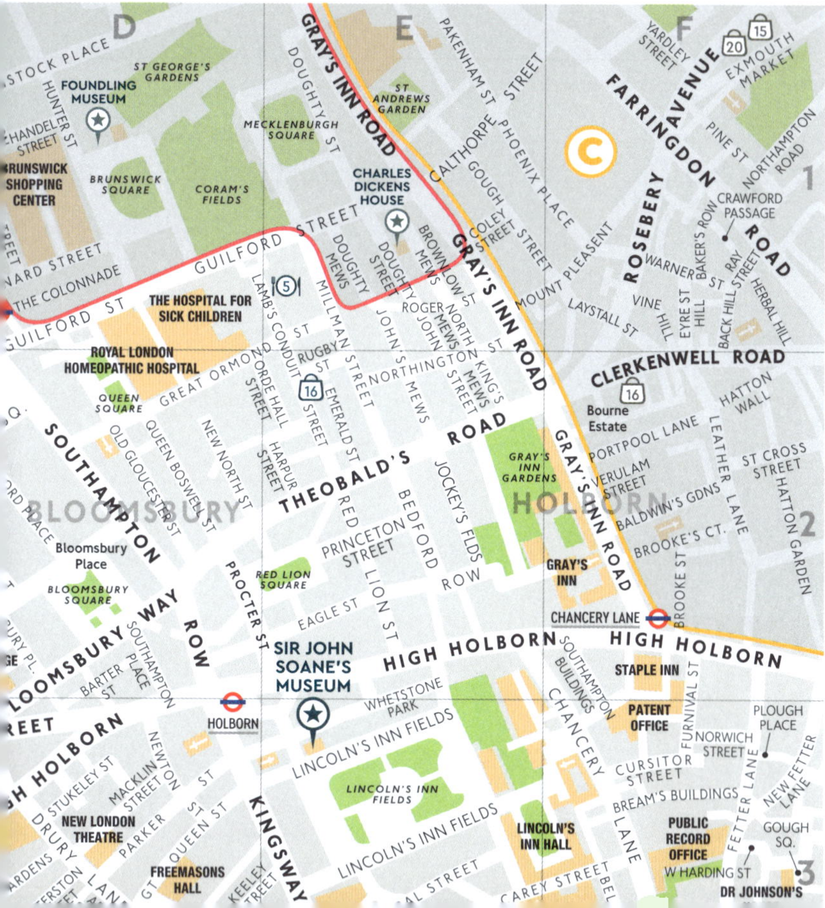

Royal Opera House

Royal Academy of Arts

The Photographers' Gallery

Sam.-mar. 10h-18h ;
er.-ven. 11h-20h Payant

★ St Martin-
-the-Fields C4

glise aux allures de temple
assique (James Gibbs,
'26), prisée en dehors des
ffices pour ses *lunchtime*
oncerts (ven. 13h ; 10£) et
es concerts aux chandelles.

→ 8 St Martin's Pl.
Tél. 020 7766 1100
. 8h30 (9h w.-e.)-18h

★ London Transport
Museum D4

nstallé dans l'ancienne
alle aux fleurs de Covent
arden (1871), un musée
adique pour découvrir
histoire des transports
n commun londoniens,
monter dans un vieux tram et même conduire un métro !

→ Covent Garden Piazza
Tél. 0343 222 5000 Tlj. 10h-18h
Tarif 18,50-21£

★ Covent Garden D4

Le jardin potager du couvent dépendant de l'abbaye de Westminster et le marché de primeurs qui occupèrent les lieux ont beau avoir disparu, la place dessinée par Inigo Jones (1631) reste un brin populaire. Boutiques, stands d'artisanat, restaurants et cafés ont envahi l'élégante galerie à arcades (1832), halle de fer et de verre très prisée des artistes de rue : défilé continu de chanteurs, musiciens et acrobates !

→ Royal Opera House (**B** D3)
Tél. 020 7304 4000 (box office)
***Visite guidée** Sur rés. Durée 1h15 Tarif 16£ **Lunchtime Recital** Un lun. par mois Tarif 16£*

★ Royal Academy of Arts A4

Jadis renommée pour sa Summer Exhibition (exposition estivale), l'Académie (1769) propose des expositions majeures toute l'année. À voir, les John Madejski Fine Rooms, dans leur splendeur néopalladienne, et les œuvres de Reynolds, Gainsborough, Constable, Turner et Hockney.

→ Piccadilly Tél. 020 7300 8090
Mar.-dim. 10h-18h
***Visite guidée gratuite** Tlj. 11h30 Durée 30 min Entrée libre, expositions payantes*

★ The Photographers' Gallery A3

La plus importante galerie londonienne de photographie contemporaine. Ses expositions présentent le travail de jeunes talents et d'artistes reconnus du monde entier : Robert Capa, Sebastião Salgado, Andreas Gursky... Vérifiez le programme ! Excellente librairie.

→ 16-18 Ramillies St
Tél. 020 7087 9300
Tlj. 10h (11h dim.)-18h (20h jeu. pendant les expos) Tarif 5£

30 St Mary Axe

St Stephen Walbrook

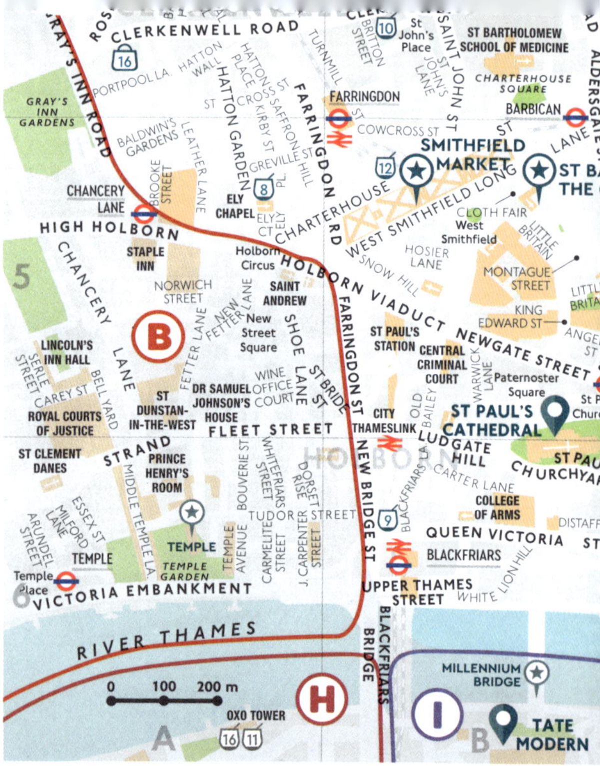

★ **The Monument** D6
Commémorant le Grand Incendie, cette grandiose colonne de 61 m cache un vertigineux escalier... à gravir sans faillir pour la vue !
→ *Monument St*
Tél. 020 7403 3761
Tlj. 9h30-13h, 14h-18h
Tarif 5,80£

★ **20 Fenchurch Street** D6
Lorsque le "Walkie Talkie" (2014) fut achevé, malheur à qui se garait au pied du gratte-ciel : réfléchissant la lumière, ses vitres galbées chauffaient les voitures... avant que la Ville n'installe des écrans de protection ! Au 35e étage, vue à 360° depuis "ses jardins dans le ciel" (bar) et la terrasse à ciel ouvert.
→ *20 Fenchurch St*
Tél. 020 7337 2344
Lun.-ven. 10h-18h, w.-e. 11h-21h
skygarden.london
Entrée libre sur rés.

★ **Leadenhall Market** D6
Surmontées de verrières, les arcades métalliques et la coupole centrale de cette halle victorienne (1881) arborent de magnifiques tons rouge, or et argent. Elle abrite boutiques, bars et restaurants courus par les cols blancs de la City.
→ *Gracechurch St*

★ **30 St Mary Axe** D5
Une œuvre de Norman Foster (2004), commandée par la compagnie Swiss Re : tour de 41 étages, haute de 180 m, caparaçonnée de verre bleu et noir losangé. Sa forme d'obus lui a valu la malicieuse appellation de "Gherkin" (cornichon) ! Sous son dôme de verre, un restaurant et un bar panoramiques.
→ *30 Saint Mary Axe*

★ **St Stephen Walbrook** C6
Joyau du baroque anglais (1680) : sa coupole, portée par douze colonnes, est coiffée d'une lanterne dont la lumière tombe sur l'autel.
→ *39 Walbrook*
Tél. 020 7626 9000
Lun.-mar., jeu.-ven. 10h-16h (15h30 ven.) ; mer. 11h-15h

★ **Barbican Estate** C5
Cet étonnant ensemble brutaliste (1960-1970), aussi fascinant que labyrinthique, se double du Barbican Arts Centre, un centre culturel iconiqu (expos, théâtre, danse, concert), d'une myriade de cafés et même d'une luxuriante serre tropicale Les appartements s'y vendent à prix d'or !
→ *Silk St*
Tél. 020 7638 8891 ***Barbican Arts Centre*** *Tlj. 9h30-23h*
www.barbican.org.uk

The Monument

20 Fenchurch Street

Leadenhall Market

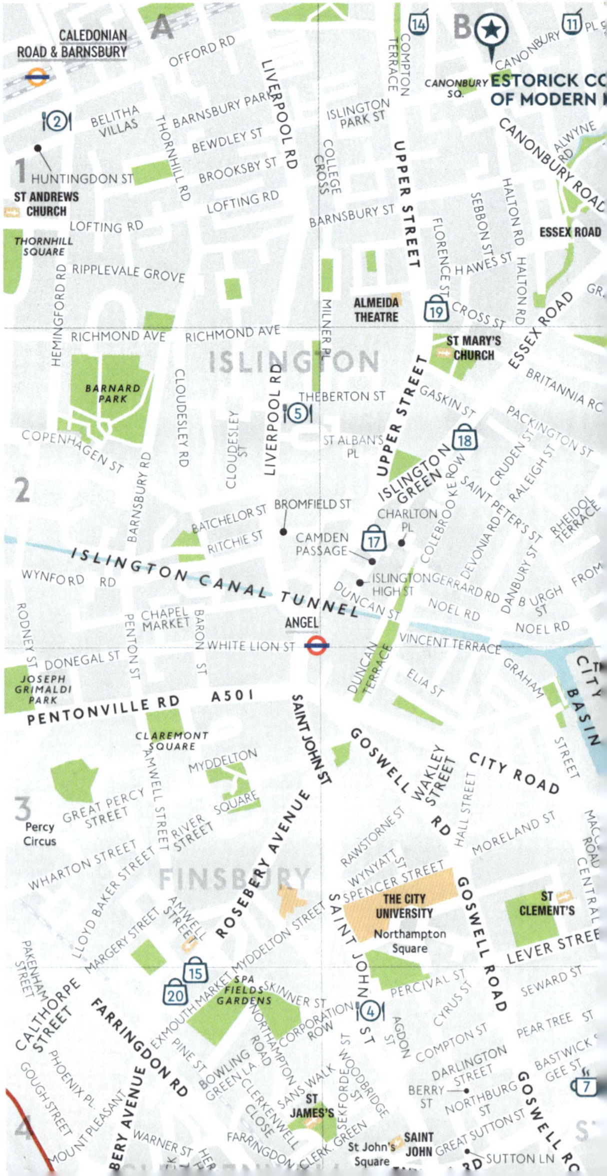

C

City / Clerkenwell / Islington

Fantomatique le week-end, la City s'agite en semaine à l'heure de la finance ; on y sent battre le cœur historique de la ville grâce aux vestiges du passé épargnés par le Grand Incendie de 1666 et la Seconde Guerre mondiale. Les gratte-ciel du XXIe s. côtoient de vénérables églises, alors que les traders s'accoudent au comptoir de vieux pubs. Au nord-ouest, Clerkenwell, fief des designers, prend des airs de village à la pause déjeuner, quand les créatifs ultralookés sortent grignoter à Saint John's Square ou à Exmouth Market. Plus au nord, Upper Street traverse Islington, agréable quartier bobo, et conduit au charmant et piéton Camden Passage.

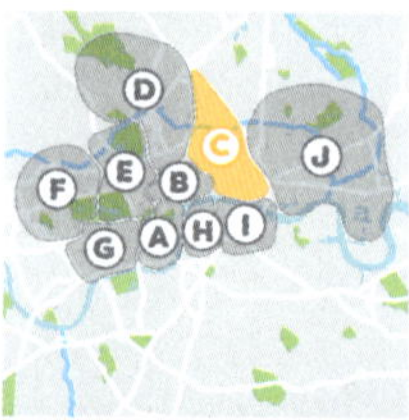

Sunday

The Antholo

RESTAURANTS

Cafe Below C6 (1)
Installée dans la crypte d'une église, une cafétéria au cachet insolite pour une petite restauration (soupes, salades, plats végétariens) que l'on peut consommer sur place ou à emporter. Plat 5,50-17£.
→ St. Mary-le-Bow Church, Cheapside Tél. 020 7329 0789 Lun.-ven. 11h30-14h30

Sunday A1 (2)
Pile de *pancakes* au sirop d'érable surmontés de bananes caramélisées au petit déjeuner, petits plats frais en journée, délicieux gâteaux maison au goûter et fameux brunch le w.-e. Petit jardin. Plat 6-13£.
→ 169 Hemingford Rd
Tél. 020 7607 3868
Mar.-dim. 8h30 (9h w.-e.)-17h

The Anthologist C5 (3)
Au milieu des cols blancs de la City, dans une spacieuse salle au design chaleureux, on se restaure d'une bonne cuisine internationale : gnocchi *mac'n cheese*, shawarma de champignons, mais aussi *fish & chips* et *pies* bien d'ici ! Plat 11,50-24,95£.
→ 58 Gresham St
Tél. 020 7726 8711
Lun.-ven. 8h-23h (oh jeu.-ven.)

The Peasant B4 (4)
Au bar de ce gastropub, des petits plats soignés (burger, risotto, *beef pie*...) et, au restaurant à l'étage, des assiettes plus élaborées : steak de chou-fleur, filet de brème, crumble aux pommes... Menu 22£ ; plat 14£.
→ 240 St John St
Tél. 020 7336 7726
***Pub** Mer.-dim. 12h-23h (20h30 dim.) **Restaurant** Mar.-sam. 18h-22h30*

The Pig and Butcher A2 (5)
Du *beef hash* (dés de bœuf, pommes de terre, oignons) au *pulled pork* (porc effiloché) avec sa compote de pommes, ce pub rustique-chic sert une savoureuse cuisine à base de viandes de premier choix et de produits de saison. Excellentes bières belges et vins du monde entier. Plat 20-26£.
→ 80 Liverpool Road
Tél. 020 7226 8304
Tlj. 12h-23h (oh jeu.-sam.)

CAFÉS, PUBS

Host Café C6 (6)
Au menu de ce café blotti sous les majestueuses voûtes en éventail de l'église St Mary Aldermary, une petite sélection de sandwichs, des soupes,

The Canonbury Tavern

Abigail Ahern

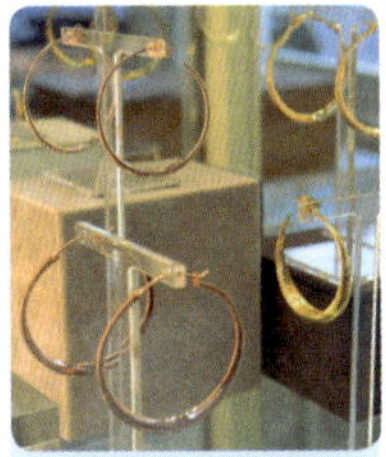
Dinny Hall

des gâteaux et un *flat white* absolument divin.
→ Watling St
Tél. 078 7343 8774
Lun.-ven. 7h30-16h

Look Mum No Hands ! B4 7
Un café pas comme les autres puisqu'on peut y faire réparer son vélo, le temps d'engloutir un *cake*, un cappuccino ou une bière.
→ 49 Old St Tél. 020 7253 1025
Tlj. 8h (9h sam. ; 10h dim.)-16h

Ye Old Mitre A5 8
À deux pas de la City, un pub vieux comme le monde (1546), enfoui dans un passage. Cohue dès la fin de l'après-midi...
→ 1 Ely Court, par le 8 Hatton Garden Tél. 020 7405 4751
Lun.-ven. 12h-23h

The Blackfriar B6 9
Mosaïques, marbre polychrome, lampes en pâte de verre et moinillons sculptés composent le cadre Arts & Crafts (1905) de ce pub cocasse !
→ 174 Queen Victoria St
Tél. 020 7236 5474 Lun.-sam. 11h30-23h, dim. 12h-18h

The Holy Tavern B4 10
Il se dégage de la Holy Tavern, un pub de poche daté de l'année 1720, une ambiance envoûtante. On aime la patine du bois, l'espace biscornu, la cheminée, les banquettes en bois, le vieux parquet, le zinc lilliputien... et les bonnes bières artisanales.
→ 55 Britton St
Tél. 020 7490 4281
Lun.-ven. 12h-23h

The Canonbury Tavern B1 11
Devant le feu de cheminée, dans le jardin ou dans la belle salle à manger lambrissée, on se sent partout chez soi dans ce grand pub intime, un verre de Pimm's à la main ! Musique *live* le jeudi.
→ 21 Canonbury Pl.
Tél. 020 7704 2887 Lun.-ven. 11h-23h (23h30 ven.), w.-e. 12h-23h30 (22h30 dim.)

CONCERTS, CLUBS

Fabric B5 12
Un club mythique, écrin de la fine fleur des DJ internationaux : dubstep, drum & bass, tech-house, électro... L'une des trois pistes de danse comprend un système transmettant les vibrations des basses aux clubbers : une expérience unique !
→ 77a Charterhouse St
Tél. 020 7336 8898 Ven.-sam. 23h-6h (7h sam.), dim. 23h-6h
www.fabriclondon.com

XOYO D4 13
Deux étages veinés de tuyaux apparents et une programmation éclectique pointue de mix et de concerts pour des soirées de haut vol !
→ 32-37 Cowper St
Tél. 020 7608 2878
Ven.-sam. 21h30-4h
www.xoyo.co.uk

Union Chapel B1 14
Pour se déhancher sous des arcades néogothiques : folk, jazz et musique tzigane dans une église encore en activité !
→ 19b Compton Terrace
Tél. 020 7226 1686
www.unionchapel.org.uk

SHOPPING

Exmouth Market A4 15
Une rue sans voitures, prisée pour ses terrasses, ses petites boutiques et ses stands de cuisine du monde (*lun.-ven. 12h-15h*).

Magma A4 16
La librairie de référence en matière de graphisme, de design, de mode, etc. Aussi des objets d'artistes (Federico Babina, David Shrigley...), carnets et posters.
→ 117-119 Clerkenwell Rd
Tél. 020 7242 9503
Lun.-sam. 11h-19h (18h sam.)

Camden Passage B2 17
Un adorable îlot piéton bordé de jolies boutiques. Étalages en plein air les jours de brocante, où l'on chine à tout va vaisselle, fripes ou bibelots.
*→ **Brocante** Mer., ven.-dim. 9h-18h*

Abigail Ahern B2 18
Baroque, la boutique créée par la prêtresse de la décoration d'intérieur britannique regorge, entre autres, de fleurs et plantes plus vraies que nature pour des bouquets éternels !
→ 12-14 Essex Road
Tél. 020 7354 8181 Lun.-sam. 10h-18h, dim. 12h-17h

Dinny Hall B1 19
Bijoux aux lignes épurées réalisés en or et argent, dont les fameuses créoles *wave hoops*.
→ 292 Upper St
Tél. 020 7704 1543 Lun.-sam. 10h-18h, dim. 12h-17h

Space EC1 A4 20
Cadeaux, bijoux, papeterie, produits de beauté, cartes, jouets en bois et autres accessoires... L'univers très coloré de Space est irrésistible.
→ 25 Exmouth Market
Tél. 020 7837 1344
Lun.-sam. 10h-18h, dim. 11h-17h

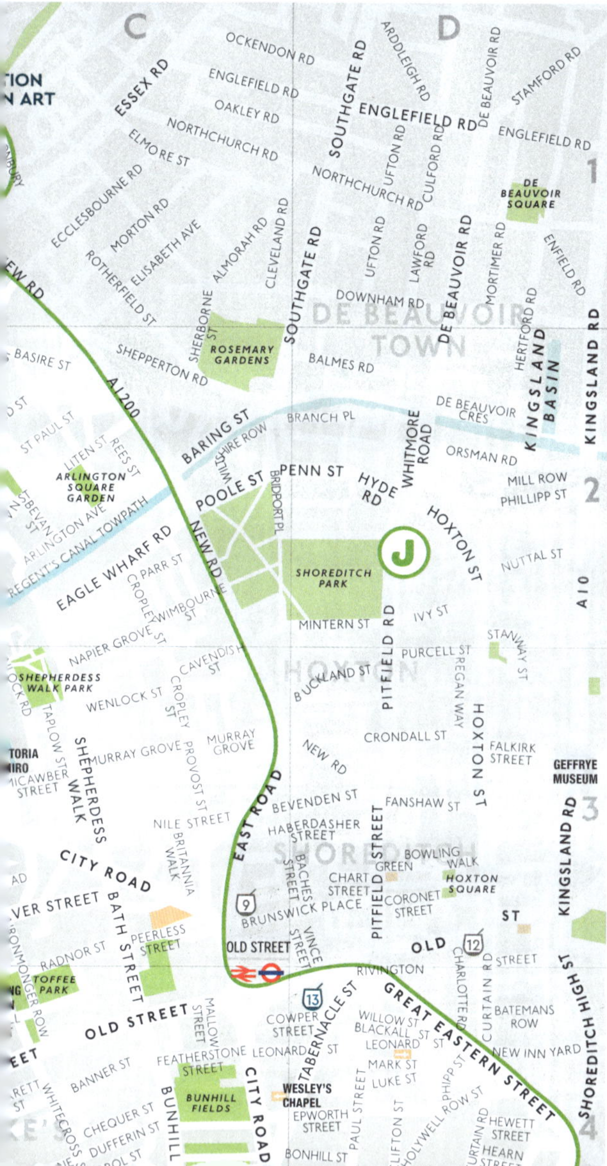

Guildhall

St Paul's Cathedral

Barbican Estate

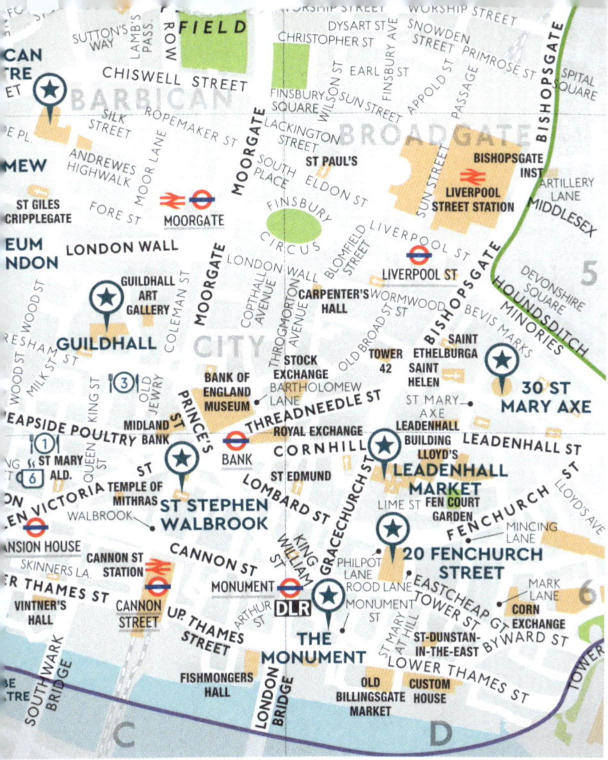

St Bartholomew the Great

Estorick Collection

Guildhall C5
rière la façade du
ɪᵉ s., aux influences
hique, grecque et
ienne, bat le cœur du
uvoir de la City. À voir,
Great Hall, spectaculaire
le d'apparat de style
hique, ainsi que la
erie d'art et les vestiges
l'amphithéâtre romain.
Gresham St
020 7332 3700
10h30-16h (et dim. mai-sep.)
mé si événement

St Paul's
thedral B5
rès le Blitz, la cathédrale,
ef-d'œuvre de Wren,
levait intacte au milieu
champ de ruines de la City ! Son dôme, culminant à 110 m, est le plus vaste après celui de Saint-Pierre de Rome. Vue éblouissante depuis la Golden Gallery, et à l'intérieur, des trésors du XVIIIᵉ s. : fresques de Thornhill (*Vie de saint Paul*), chancel du chœur en métal ouvragé de Jean Tijou, stalles et buffet d'orgue sculptés par Gibbons. Tombeaux de Wren et de Nelson dans la crypte.
→ St Paul's Churchyard
Tél. 020 7246 8350 Lun.-sam. 8h30 (10h mer.)-16h30 Tarif 18£

★ St Bartholomew the Great B5
La plus ancienne église de la City (1123). Les colonnes du déambulatoire offrent l'un des rares témoignages d'architecture normande à Londres. À voir absolument, *Exquisite pain*, sculpture de Damien Hirst représentant le martyre de saint Barthélémy portant la dépouille de sa propre peau.
→ Church House, Cloth Fair
Tél. 020 7600 0440
Tlj. 10h (8h30 dim.)-17h
Entrée libre, donation bienvenue

★ Smithfield Market B5
Le marché à la viande s'active bien avant l'aube, sous une splendide halle victorienne. Un spectacle insolite pour les lève-tôt !
→ Charterhouse St
Lun.-ven. 2h-7h

★ Estorick Collection of Modern Italian Art B1
Une demeure georgienne typique, aménagée pour la splendide collection d'art italien d'Eric Estorick (1913-1993). À voir, les œuvres des pionniers du futurisme, inspirées par le cubisme et la vitesse (années 1910) : Balla, Boccioni, Carrà, Russolo et Severini, mais aussi des toiles de Modigliani, De Chirico ou Morandi. Agréable café.
→ 39a Canonbury Sq.
Tél. 020 7704 9522
Mer.-sam. 11h-18h, dim. 12h-17h
Tarif 7,50£

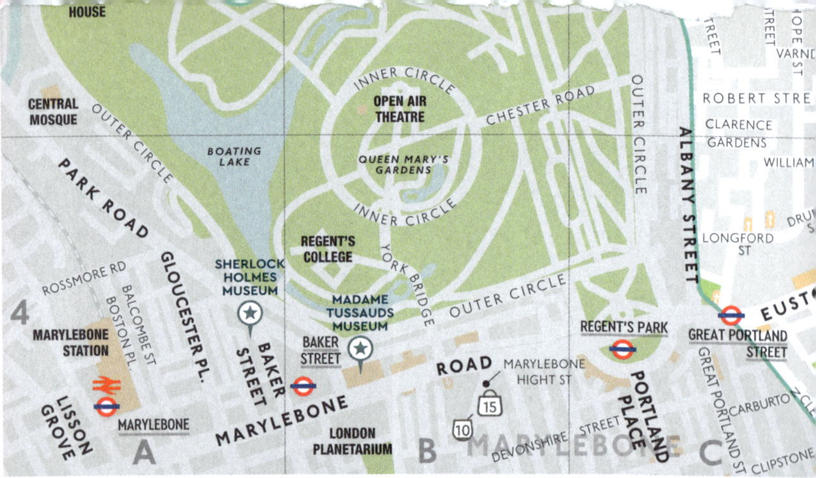

Regent's Canal

Regent's Canal / Gasholder Park

★ Charles Dickens Museum E4

Seul le tic-tac d'une pendule rompt le silence de l'étroite maison de ville où Dickens (1812-1870) vécut deux ans. On peut y voir le bureau où il rédigea *Oliver Twist*, des portraits, un salon victorien et, au sous-sol, une grille de la prison où son père fut incarcéré.

→ 48 Doughty St
Tél. 020 7405 2127
Mer.-dim. 10h-17h Tarif 12,50£

★ Foundling Museum E4

Face au jardin où s'élevait jusqu'en 1926 le Foundling Hospital (hôpital des Enfants trouvés), ce musée rend hommage à Thomas Coram (1668-1751), fondateur de l'institution en 1739. Au rez-de-chaussée, une exposition décrit la misère des rues et la vie à l'hôpital : gravures de Hogarth (1697-1764), objets et photos. Au premier étage : dons d'artistes philanthropes du XVIIIe s. — toiles de Ramsay, Hogarth, Reynolds, clavier d'orgue et partitions de Handel — et superbe salon rococo (Court Room).

→ 40 Brunswick Sq.
Tél. 020 7841 3600
Mar.-dim. 10h (11h dim.)-17h
Tarif 10,50£

★ British Library E3

Sur une surface démesurée de 112 000 m² et 14 niveaux, l'édifice (1997) aux lignes pures de sir Colin St John Wilson (1922-2007) recèle un fonds documentaire exceptionnel, réuni depuis le XVIIIe s. Explorer les trésors de la Sir John Ritblat Gallery à l'aide d'écrans tactiles et d'écouteurs : Bible de Gutenberg, enluminures du XIVe s., carnet de notes de Léonard de Vinci, manuscrits de Jane Austen, Charlotte Brontë ou Lewis Carroll et, surtout, la *Magna Carta*, la Grande Charte des droits seigneuriaux arrachée en 1215 au roi Jean sans Terre !

→ 96 Euston Road
Tél. 033 0333 1144
Lun.-sam. 9h30-20h (18h ve 17h sam.), dim. 11h-17h
www.bl.uk

★ Camley Street Natural Park E2

Posée au bord du Regent Canal, une réserve nature urbaine où oublier le brouhaha de la ville et surprendre, dans un méli mélo de bois, de fleurs sauvages et de roselières martins-pêcheurs, lucane grenouilles, papillons... Une petite passerelle flottante ajoute à la poési des lieux. Café et jolie terrasse au bord de l'eau.

→ 12 Camley St
Tél. 020 3897 6150 Été : tlj. 10h-17h ; hiver : tlj. 10h-16h

Charles Dickens Museum

Foundling Museum

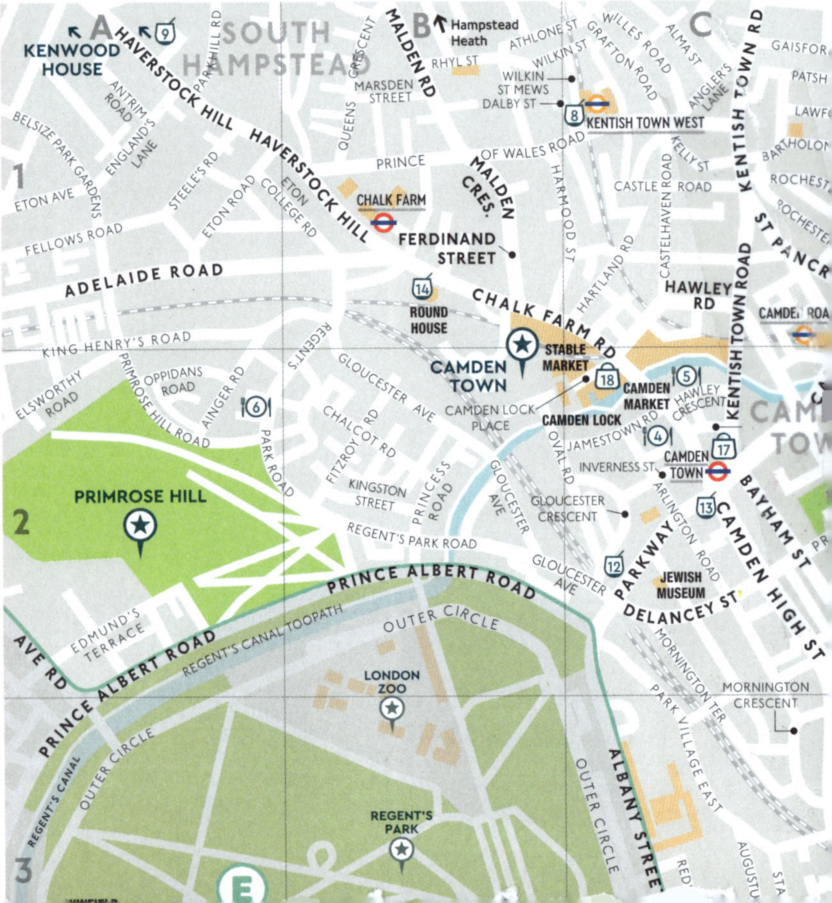

D King's Cross / Camden / Hampstead

Le nord de Londres décrit par Dickens n'est plus : au sud, les spectaculaires British Library et gare de St Pancras ainsi qu'un vaste plan urbain autour de Granary Square révolutionnent l'ancien faubourg de King's Cross, dont la gare s'est dotée en 2012 d'une splendide résille d'acier. Au nord-ouest, à Camden Town, marchés animés et scènes musicales attirent les touristes chineurs comme les oiseaux de nuit. Le long du canal, des rangées de maisons victoriennes succèdent aux habitations logées dans d'anciens gazomètres et mènent à une paisible colline et à son charmant quartier éponyme, Primrose Hill. Au nord, Hampstead niche ses demeures cossues dans les bois.

Poppies Fish & Chips

The Queen's

RESTAURANTS

Sons + Daughters E2 ①
Les sandwichs sont à l'honneur et osent tous les mélanges dans ce *diner* moderne et épuré. Mention spéciale pour le Prawn S+dwich, à base de crevettes, de *prawn crackers* et de gingembre mariné. Également *breakfasts* et *donuts*. Sandwich 9-9,85£.
→ Unit 119a Coal Drops Yard
Tlj. 10h-18h

Camino E3 ②
À deux pas de la gare de Saint Pancras, un choix infini de tapas pour un délicieux grignotage (compter deux ou trois assiettes). Musique *live* du jeu. au sam. Tapa 5-17,50£.
→ The Regent Quarter, 3 Varnishers Yard
Tél. 020 7841 7330
Lun.-sam. 12h-23h ; dim. 12h-18h, 18h-22h

Dishoom E2 ③
L'un des meilleurs restaurants indiens de Londres ! Son sol carrelé s'inspire des élégants cafés du Bombay des années 1950. Cuisine parfumée et, au *breakfast*, des omelettes épicées. Plat 9-12,90£.
→ 5 Stable St
Tél. 020 7420 9321
Lun.-ven. 8h-23h (0h jeu.-ven.), w.-e. 9h-0h (23h dim.)

Mildreds C2 ④
Végans, *fun* et cosmopolites, tels sont les plats proposés dans ce restaurant lumineux installé dans un immeuble en verre. Au menu, gyozas, burgers à l'halloumi, frites de patate douce et une ribambelle de salades fraîches. Plat 13-14,5£.
→ 9 Jamestown Rd
Tél. 020 7482 4200
Tlj. 9h-23h (22h dim.)

Poppies Fish & Chips C2 ⑤
L'un des plus fameux *fish & chips* de la capitale. La recette du succès ? De l'églefin et du cabillaud en direct de Billingsgate Market et des frites croustillantes à souhait ! *Fish & chips* 13,95£.
→ 30 Hawley Crescent
Tél. 020 7267 0440 Tlj. 11h-22h (23h jeu.-sam. ; 22h30 dim.)

The Queen's A2 ⑥
Atmosphère rustique-chic dans ce pub cosy où déguster de copieux classiques anglais avant une balade à Primrose Hill. *Sunday roast* et paniers pique-nique à emporter au parc. Plat 14-19,50£.
→ 49 Regent's Park Road
Tél. 020 7586 0408
Lun.-sam. 11h-23h, dim. 12h-22h30

The Holly Bush

Coal Drops Yard

Camden Market

BARS, PUBS

The Lighterman E2 7
Deux étages animés aux larges baies vitrées pour une vue traversante sur Regent's Canal et Granary Square. Dans l'assiette, viande grillée au feu de bois, salades et plats inventifs comme cette soupe pomme-céleri-noix. Trois terrasses.
Plat 14-22,50£.
→ 3 Granary Sq.
Tél. 020 3846 3400
Tlj. 12h-23h30 (0h ven.-sam. ; 22h30 dim.)

Camden Town Brewery C1 8
Histoire de déguster l'une des 24 bières brassées ici, sous les arches du chemin de fer. Des classiques bien rafraîchissantes (lagers, IPA) et, pour faire mousser la curiosité, des alliances surprenantes : clémentine épicée, prune acidulée, noix de coco... À compléter de belles assiettes à l'italienne. Plat 9-16£.
→ 55 Wilkin Street Mews
Tél. 020 7485 1671
Tlj. 12h-22h (23h jeu.-sam.)

The Holly Bush hors plan A1 9
Envie d'une pinte, d'une *pie* fumante ou d'un feu de cheminée qui crépite ? Rendez-vous dans cette pimpante maisonnette (XVIIe s.) de Hampstead. On peine à s'y faire une place le week-end !
→ 22 Hollymount
Tél. 020 7435 2892
Tlj. 12h-23h (22h dim.)

CONCERTS

Kings Place E2 10
Derrière une façade de verre ondulée qui se reflète dans les eaux du canal, deux salles de concert à la programmation pointue : classique, folk et jazz.
→ 90 York Way
Tél. 020 7520 1490
www.kingsplace.co.uk

KOKO D2 11
Un théâtre construit en 1900, magnifiquement rénové pour la nouvelle scène rock et électro. Concerts grandioses dans un décor rococo couleur pourpre. Bien se looker !
→ 1a Camden High St
Tél. 020 7388 3222 Dim.-ven. 19h-23h (4h ven.), sam. 22h-4h www.koko.uk.com

Dublin Castle C2 12
Une institution de North London ! De Madness à Amy Winehouse, de nombreuses rock stars se sont produites dans la petite salle de concert au fond de ce bar aux lumières rouges.
Live du mer. au dim.
→ 94 Parkway Lun.-mer. 15h-1h, jeu.-dim. 12h-2h
Concerts à partir de 19h15
www.thedublincastle.com

Jazz Café C2 13
Les amateurs de world music, de reggae et de jazz ont aussi leur petit temple à Camden. Le week-end, soirées clubbing (disco, groove, funk...), avec une ligne hip-hop le vendredi, et soul le samedi.
→ 5 Parkway
Tél. 020 7485 6834
*Tlj. 19h-3h **Concerts** tlj. 19h-22h30 **Clubbing** ven.-sam. 22h30-3h*
www.thejazzcafelondon.com

Roundhouse B1 14
Une rotonde classée (1846), devenue dans les années 1960-1970 la salle de concert de Jimi Hendrix, des Pink Floyd et d'autres pointures. Musique, danse, théâtre et cabaret.
→ Chalk Farm Road
Tél. 0300 6789 222
www.roundhouse.org.uk

SHOPPING

The Harry Potter Shop at Platform 9¾ E3 15
Plafond recouvert de cages, boîtes de baguettes magiques amoncelées derrière un comptoir : qu'on soit Serpentard ou Gryffondor, on trouvera ici tout l'attirail de son héros préféré !
→ King's Cross Station
Tél. 020 7833 1137
Tlj. 8h (9h dim.)-20h

Coal Drops Yard E2 16
Sous les arches de brique et de fonte de ce centre commercial design s'alignent boutiques indépendantes, marques stylées, cafés et restos.
→ Stable St
www.coaldropsyard.com

British Boot Company C2 17
Le légendaire stock de Doc Martens, fabriqués depuis 1958, a fourni des générations de *skinheads*, de punks et de rockers. Innombrables modèles dans une petite boutique aux murs gribouillés : unis, vernis, ou plus audacieux...
→ 5 Kentish Town Road
Tél. 020 7485 8505
Tlj. 10h30-19h30

Camden Market C2 18
Ces célèbres puces s'étendent d'entrepôts en écuries et envahissent une myriade de cours intérieures. Vêtements neufs alternatifs, artisans, friperies, disquaires et stands d'alimentation du monde entier dans un joyeux capharnaüm. Touristique et bondé le week-end !
→ Chalk Farm Road Tlj. 10h-18h Activité maximum le w.-e.
www.camdenmarket.com

British Library

Granary Square

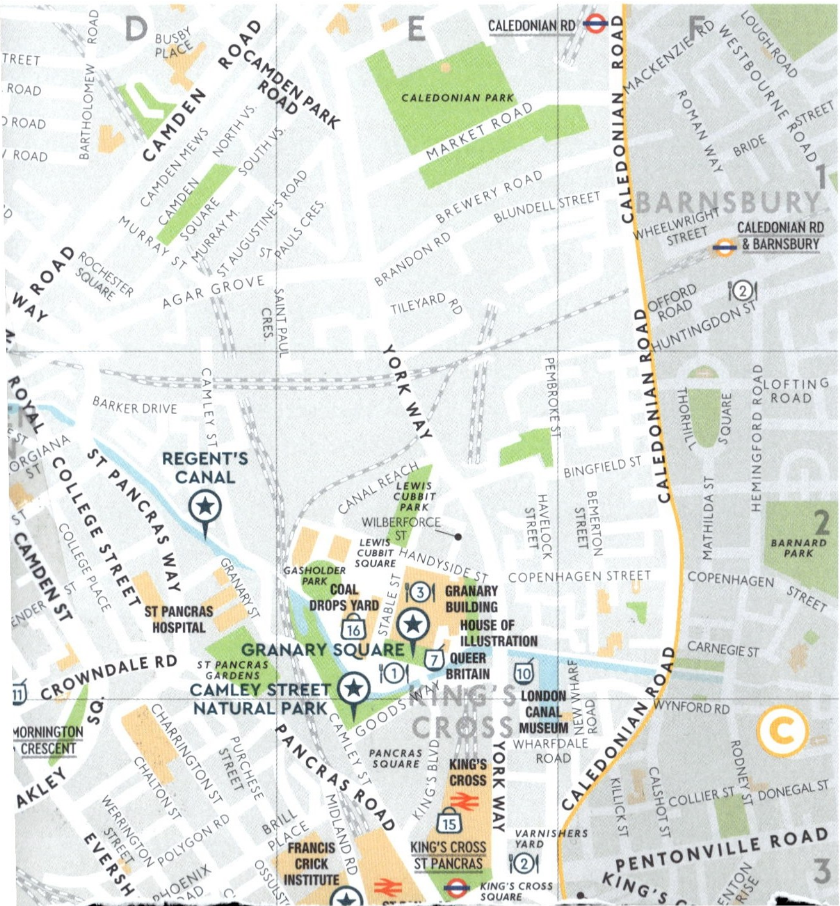

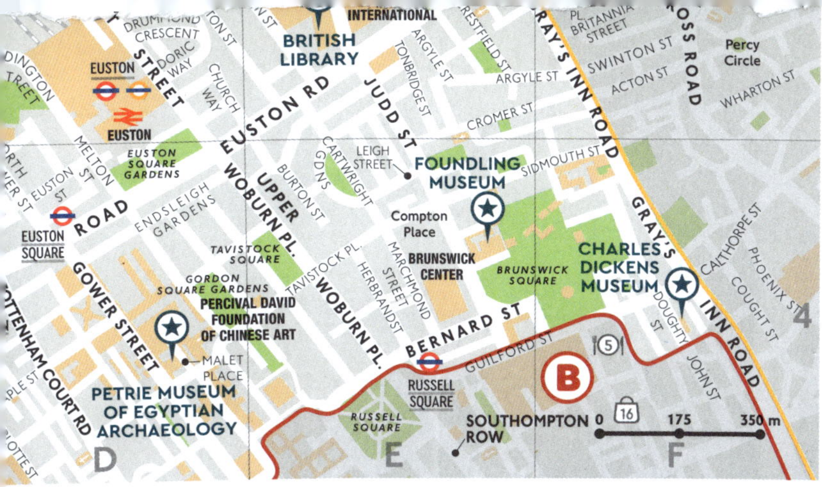

Camden Town

Primrose Hill

Kenwood House

Granary Square E2
te vaste esplanade
loie un miroir d'eau aux
e jets, qui s'illuminent
tant de couleurs à
uit tombée, véritable
nphonie lumineuse.
Granary Building, ancien
repôt à grains, abrite
sormais l'école d'art
ntral Saint Martins et le
t nouveau Queer Britain,
mier musée du pays
dié à la communauté
BTQ+. Tout proche,
anciens entrepôts
Coal Drops Yard ont
transformés en centre
nmercial par le
atherwick Studio :
ection la Samsung
Gallery, au dernier étage, pour une très belle vue d'ensemble. Jardins suspendus et pelouses aménagées mènent au chemin de halage de Regent's Canal : un nouveau rendez-vous londonien !
→ *www.kingscross.co.uk*

★ Regent's Canal D2
Depuis 1820, ce canal de 13 km relie le bassin verdoyant de Little Venice aux docks, traversant Regent's Park, Camden Town, Islington et l'East End. Délicieuse balade sur les berges au départ de Little Venice. En direction de Granary Square, on croise l'insolite Gasholder Park : sa structure d'acier, qui servait autrefois à stocker le gaz, entoure maintenant une verte pelouse ! Voir aussi p. 24-25.
→ *www.londonwaterbus.com*

★ Camden Town B2
Vieilles maisons en brique, devantures extravagantes, marchés aux puces animés, musiques underground et senteurs exotiques… L'excentricité est de rigueur à Camden Town. Punks, gothiques, jeunes gens et curieux se croisent à toute heure du jour et de la nuit.

★ Primrose Hill A2
Le parc de la "colline aux Primevères" et ses vastes pelouses offrent l'un des plus beaux points de vue sur Londres ! Avec son atmosphère de village, le quartier du même nom est très dépaysant.

★ Kenwood House
hors plan A1
Cette demeure élégante de 1766, blottie au creux de Hampstead Heath, abrite des toiles de maîtres (Rembrandt, Vermeer, Turner, Gainsborough…) et des portraits datant de l'ère élisabéthaine. À voir, la somptueuse Adam Library.
→ *Hampstead Lane*
M° Golders Green, puis bus 210
Tél. 037 0333 1181 Avr.-sep. : tlj. 10h-17h ; oct.-mars : tlj. 11h-15h

Wallace Collection

All Souls Church

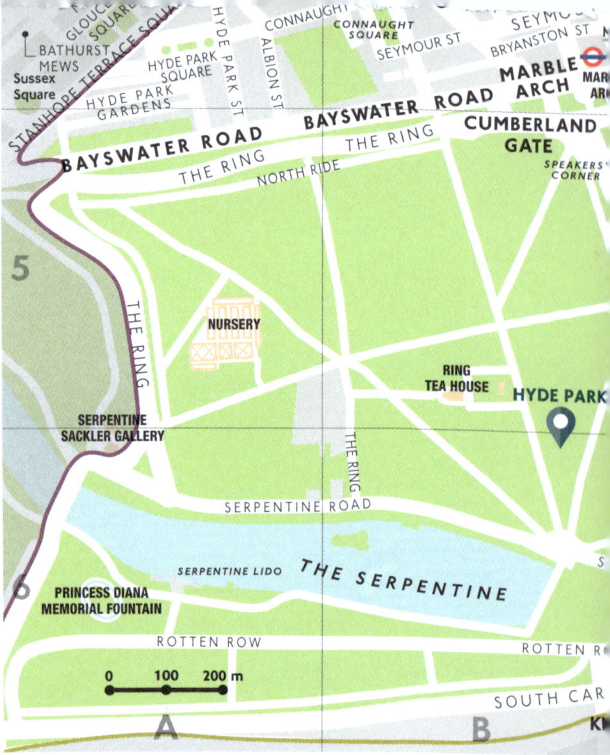

★ **Regent's Park** C1
En 1811, John Nash, grand architecte néoclassique, séduit le futur George IV avec le projet d'une cité-jardin idéale. Face au parc, des *terraces* à portiques et à colonnades ; à l'intérieur, des villas et, aux abords, des demeures regroupées en villages romantiques… Seuls certains édifices verront le jour, mais cet espace vert a bien d'autres atouts : terrains de tennis et de cricket, zoo, roseraie de la reine Mary et théâtre en plein air de 1 240 places (*mi-mai-mi-sep.*).
→ *Tél. 030 0061 2300*
Tlj. 5h-coucher du soleil

★ **ZSL London Zoo** C1
Ce zoo (1828) de 15 ha abrite treize bâtiments classés. Des insectes aux girafes, en passant par l'enclos des lions ou celui des gorilles, plus de 750 espèces de toutes tailles, dont une très belle collection de reptiles.
→ *Regent's Park*
Tél. 0344 225 1826
Mi-fév.-mars : tlj. 10h-17h ; avr.-août : tlj. 10h-18h ; sep.-oct. : tlj. 10h-17h ; nov.-mi-fév. : 10h-16h
Tarif variable 26,50-35,50£

★ **The Sherlock Holmes Museum** B3
Pour examiner à la loupe le pistolet de Watson, la pipe ou le violon du fameux détective imaginé par Conan Doyle et passer son appartement au peigne fin !
→ *221b Baker St*
Tél. 020 7224 3688
Tlj. 9h30-18h Tarif 15£

★ **Madame Tussauds** C3
Les fameuses statues de cire pour retrouver les stars mythiques et mettre un visage sur le nom des célébrités de l'histoire. Tous les six mois, de nouvelles spectaculaires mises en scène : *Super Heroes* de Marvel en 4D, concerts pop ou défilés de mode !
→ *Marylebone Road*
Tél. 020 7487 0351 Horaires et réservation conseillée sur www.madametussauds.com
Tarif 37£

★ **Wallace Collection**
L'excentrique marquis de Hertford (1800-1870) se passionne pour la peintur(e) (Hals, Rembrandt, Poussi(n), Fragonard), le mobilier (Boulle et Riesener), les objets d'art et les armes e(t) armures. Son fils, sir Richa(rd) Wallace, enrichit le fonds, que sa veuve française léguera à la nation (1897) à la condition que les œuvre(s) ne quittent jamais le musé(e).
→ *Manchester Sq.*
Tél. 020 7563 9500 Tlj. 10h-17
www.wallacecollection.org

★ **All Souls Church** D4
La seule église londonienn(e) (1824) de John Nash encor(e) d'aplomb combine portiqu

Regent's Park

Sherlock Holmes Museum

Madame Tussauds

E

Mayfair / Marylebone

Mayfair a la réputation d'être le quartier le plus huppé de Londres. Si la très subversive Vivienne Westwood, créatrice du look punk dans les années 1970, y possède une boutique, les hôtels prestigieux et magasins de luxe d'Old et New Bond Streets s'accordent désormais mieux à son standing. Vers le nord, à quelques rues de là, Marylebone s'anime davantage, en particulier autour de sa High Street, et conserve de magnifiques façades georgiennes. Quant aux abords de Regent's Park, ils dévoilent de nombreuses *terraces* néoclassiques, dont celle de Cumberland, à l'est, démesurée, avec son fronton historié et ses colonnes immaculées.

Mercato Metropolitano

The Sea Shell

RESTAURANTS

Mercato Metropolitano C4 (1)
Bao buns, rôtisserie, pâtes fraîches, *chai* : au total, 12 microcomptoirs *foodies* se pressent aujourd'hui dans l'ancienne église du quartier. Derrière l'autel, une distillerie sert d'excellents gin tonic... On papillonne de l'un à l'autre avant de s'attabler sur le *rooftop*, avec vue sur Mayfair. Plat 9-12,50£.
→ St Mark's Church, North Audley St Tél. 020 7403 0930 Tlj. 12h-23h (0h ven.-sam. ; 22h dim.)

Deliciously Ella C4 (2)
Un déli lumineux où goûter en vrai aux délicieuses recettes véganes de l'auteur de livres de cuisine Ella Mills. Petits déjeuners *healthy* et copieux buffet de salades, *dahls*, currys et ragoûts colorés. Plat 12-19£.
→ 18 Weighhouse St Tél. 080 1234 1567 Lun.-ven. 8h-22h, w.-e. 9h-22h (16h30 dim.)

The Sea Shell A3 (3)
Ce *fish & chips* de quartier attire le Tout-Londres avec ses délicieuses soles, plies ou encore cabillauds à savourer frits ou tout simplement grillés. Plat 17-22£.
→ 49-51 Lisson Grove Tél. 020 7224 9000 Mar.-dim. 12h-22h30 (19h dim.)

Kitty Fisher's D6 (4)
Bougies et fleurs fraîches sur les tables, banquettes en velours et gravures anciennes composent un cadre intime, propice à la dégustation de plats soignés : anguille fumée et risotto au persil, canard aux artichauts... Plat 18-35£.
→ 10 Shepherd Market Tél. 020 3302 1661 Lun.-sam. 12h-15h, 18h-22h

Corrigan's Mayfair C5 (5)
La cuisine généreuse, brillante et sans prétention du chef irlandais Richard Corrigan : bisque au cognac et estragon, joue de bœuf braisée et purée de potiron... Les vins sont exceptionnels. Réserver bien à l'avance. Menu midi 45£ (3 plats), plat 42-54£.
→ 28 Upper Grosvenor St Tél. 020 7499 9943 Lun.-sam. 12h-15h, 18h-22h30

SALON DE THÉ, CAFÉ, PÂTISSERIE

The Wallace Restaurant C4 (6)
Un bijou de salon de thé au cœur du musée, aussi bienvenu pour un lunch ! *Afternoon tea* 21,50£.

Paul Rothe & Son Delicatessen

Wigmore Hall

Daunt Books

→ *Hertford House, Manchester Sq.*
Tél. 020 7563 9505 Tlj. 10h-17h

Paul Rothe & Son Delicatessen C4 7
Confitures, marmelades, chutneys, sauces et pickles 100 % *british*, mais aussi des sandwichs typiques et une soupe du jour servie avec une tranche de pain (£4) qui a fait sa réputation. Sandwichs 2-4,50£.
→ *35 Marylebone Lane*
Tél. 020 7935 6783
Lun.-sam. 8h (11h sam.)-17h

Crosstown Doughnuts C4 8
Crosstown Doughnuts s'est abattu sur Londres comme une tempête et compte aujourd'hui pas moins de 12 adresses ! Sa recette ? Des donuts végans, des confitures, compotes et autres garnitures maison, des créations fun et colorées ainsi que de grands classiques (cannelle, sucre...).
→ *5-6 Picton Place*
Tél. 020 7487 3733 Tlj. 10h-20h

BARS, CONCERTS

Vinoteca B4 9
Un endroit bachique au charme rustique, niché dans une ruelle près de Marble Arch. Chaque semaine, de nombreux vins à déguster au verre, qu'accompagnent plats chauds et assiettes de charcuterie ou de fromage.
→ *15 Seymour Pl.*
Tél. 020 7724 7288
Lun.-sam. 12h-23h

The Prince Regent C3 10
Miroirs et lustres rococo éclairent ce pub tout en bois au parquet sombre. Comptoir et tables conviviales, pour croquer un morceau ou boire un verre (bons vins). Plaisant et animé toute la journée ! Concerts le ven.
→ *71 Marylebone High St*
Tél. 020 7486 7395
Tlj. 12h-23h (22h30 dim.)

The Social D4 11
Les habitués se délassent à coup de juke-box au bar du rez-de-chaussée, avant l'ouverture de celui du sous-sol dès 18h... et l'arrivage massif des *after work*. Concerts... et karaokés de hip-hop !
→ *5 Little Portland St*
Tél. 07737 628 638
Lun.-jeu. 16h30-0h (1h jeu.), ven.-sam. 12h (18h sam.)-1h

Wigmore Hall C4 12
Pour les amateurs éclairés de musique de chambre, de jazz et de chant, une acoustique et un agenda hors pair.
→ *36 Wigmore St*
Tél. 020 7935 2141
www.wigmore-hall.org.uk

SHOPPING

Old and New Bond Streets D5 13
La quintessence du shopping de luxe.

Charbonnel et Walker
À la menthe, à la lavande, à la framboise ou à la rose, des chocolats dans la plus pure tradition insulaire.
→ *1, The Royal Arcade, 28 Old Bond St Tél. 020 7318 2075*
Lun.-sam. 10h-18h, dim. 12h-17h

Selfridges C4 14
Voici un grand magasin de légende, qui fait la part belle à la mode. Quant au *foodhall*, il regorge de spécialités britanniques.
→ *400 Oxford St*
Tél. 0800 123 400 Lun.-sam. 10h-21h, dim. 11h30-18h

The Conran Shop C3 15
Un temple de l'art de vivre sur trois étages : objets du quotidien réinventés, luminaires, meubles, et un peu de mode ! Au n°86 de la même rue, Skandium, pour les passionnés de design scandinave.
→ *55 Marylebone High St*
Tél. 020 7723 2223 Lun.-sam. 10h-19h, dim. 12h-18h

Contemporary Applied Arts C3 16
Céramiques, meubles, verreries, bijoux, textiles... quel que soit son budget, on est sûr de trouver son bonheur dans cette fabuleuse galerie-boutique. Chaque mois, une expo promeut un artiste dans le domaine des arts appliqués.
→ *6 Paddington St*
Tél. 020 7620 0086
Mar.-sam. 11h-17h

Postcard Teas Ltd D4 17
Sur les rayons de ce magasin pas comme les autres, une soixantaine de thés issus de petites productions asiatiques : thé vert japonais Yame Genmaicha, thé noir vietnamien Lotus de la famille Dong... Dégustations sur place.
→ *9 Dering St*
Tél. 020 7629 3654
Lun.-sam. 12h-18h30

Daunt Books C3 18
Amateur de voyages et de belles librairies, faites une halte dans le navire amiral de cette petite chaîne indépendante. Ce bijou édouardien de 1910, conçu dès l'origine comme librairie, dévoile de superbes galeries et rayonnages en chêne où s'aligne le meilleur de la littérature de voyage.
→ *83-84 Marylebone High St*
Tél. 020 7224 2295
Lun.-sam. 9h-19h30, dim. 11h-18h

Handel & Hendrix in London

Apsley House

Shepherd Market

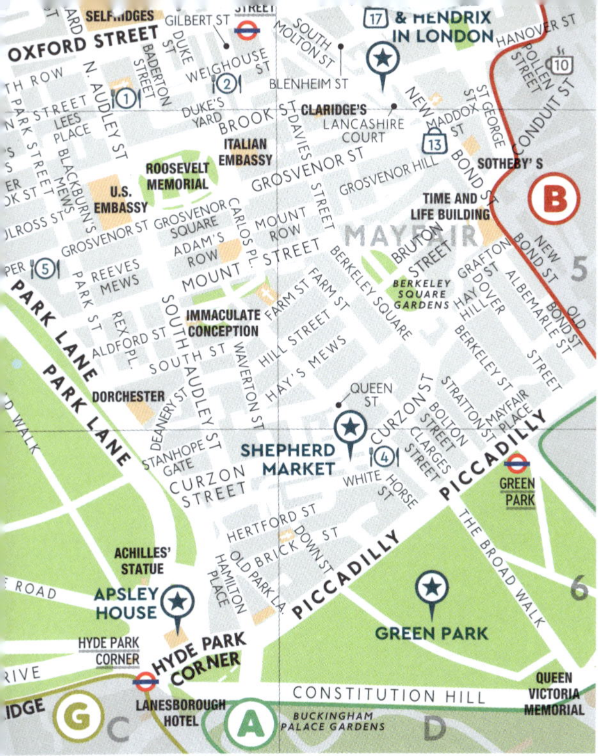

Green Park

Hyde Park

ılaire à colonnade et
ıe néogothique. Une
ɔsité baptisée "Gâteau
nariage" à sa création !
All Souls Pl.
ɔ20 7580 3522
-ven. 10h-17h, dim. 9h-14h

Handel & Hendrix
.ondon D4
deux maisons accolées
accueilli deux immenses
ıpositeurs. Au n° 25,
ɔièces privées où vécut
ıdel (1685-1759) à partir
723. On y écoute le
ssie dans sa version
inale. Au n° 23, le nid de
Hendrix (1942-1970) de
8 à 1969, décoré par sa
te amie, avec ses objets
a guitare acoustique.
→ 25 Brook St
Tél. 020 7495 1685
Lun.-sam. 11h-18h
Fermé pour rénovation jusqu'en mars 2023 Tarif 10£

★ Apsley House C6
La demeure du duc de Wellington (1769-1852), gloire de la nation anglaise. Amateur d'art, il reçoit des puissants, œuvres et objets auxquels s'ajoutent ses prises de guerre. Tableaux de maîtres (Rubens, Velázquez, Goya, etc.), orfèvrerie, porcelaine, et le service en argent et vermeil utilisé lors du banquet organisé pour fêter la victoire de Waterloo sur Napoléon (1815).
→ 149 Piccadilly, Hyde Park Corner Tél. 020 7499 5676 Avr.-déc. : mer.-dim. 11h-17h ; jan.-mars : w.-e. 10h-16h Fermé 24 déc.-1er jan. Tarif 11,60£

★ Shepherd Market D6
À deux pas de Piccadilly, un havre de paix aux allures de village. Ici se déroulaient les *May Fairs*, "foires de mai" (bétail et céréales) qui donnèrent leur nom au quartier. Charmants pubs, cafés et boutiques.
→ Entre Curzon St et Piccadilly

★ Green Park D6
Vastes pelouses, platanes et tilleuls à l'ombre épaisse, chaises longues et vieux réverbères à gaz... Un parc au charme désuet.
→ Tél. 030 0061 2350

Hyde Park B6
Véritable poumon vert, Hyde Park cumule les superlatifs : c'est le plus vaste, le plus ancien, et surtout, le plus populaire parc de Londres ! Le secret de son succès ? Une situation centrale, plus de 4 000 arbres, des pelouses, un lac immense, un parcours d'équitation, diverses installations sportives et pas moins de trois cafés... Au nord-est du parc, ne pas manquer le Speaker's Corner : juché sur une estrade, toute personne peut y exprimer ses opinions et tenter de rallier les passants à sa cause !
→ Tél. 030 0061 2000 Tlj. 5h-0h

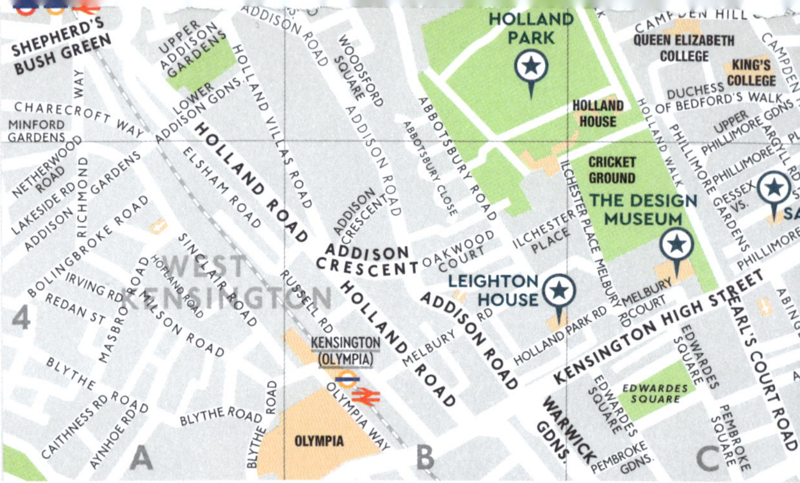

Holland Park

Notting Hill

★ Kensington Palace / Kensington Gardens D3-E3
À l'origine terrain de jeux pour reines jardinières, ce parc est devenu celui des enfants : navires téléguidés sur le Round Pond, bateau de pirates au Diana Memorial Playground... Les parterres de fleurs et les jeux d'eau de Sunken Garden évoquent les jardins d'époque Tudor (xve s.). À l'ouest, on visite Kensington Palace, résidence royale depuis 1689 : la future reine Victoria y naquit et y fut baptisée en 1819, et Diana y résida dès son mariage. À voir, les peintures en trompe-l'œil, les portraits et la collection d'uniformes et de toilettes de cour.
→ *Tél. 0300 061 2000*
***Palais** Mars-oct. : tlj. 10h-18h ; nov.-fév. : tlj. 10h-16h*
***Jardin** Tlj. 6h-coucher du soleil*
Palais Tarif 20£

★ Serpentine Gallery F3
Ce petit pavillon, autrefois salon de thé, accueille désormais des expositions d'art contemporain, à l'instar de sa cousine (et voisine), la Serpentine Sackler Gallery. Concerts et *happenings* !
→ *Kensington Gardens*
Tél. 020 7402 6075
Mar.-dim. 10h-18h
www.serpentinegalleries.org

★ Sambourne House C4
À quoi ressemblait un intérieur sous le règne de Victoria ? À la demeure de Linley Sambourne, illustrateur au journal satirique *Punch*, qui y habita de 1874 à 1910. Des caricatures recouvrent les murs, et la maison doit en partie son décor, dont les papiers peints, à William Morris, père du mouvement Arts & Crafts. Le samedi, une comédienne costumée anime la visite : exquis !
→ *18 Stafford Terrace*
Tél. 020 7602 3316 Mi-sep.-mi-juin : mer., w.-e. 11h (visite guidée de 1h15) ; 14h-17h30 (visite libre) Tarif 9£

★ The Design Museum C4
Dans un bâtiment de 196
rénové par l'architecte minimaliste John Pawsor musée du Design préser. quelque 3 000 objets du xixe s. à nos jours. Expos, espaces pour jeunes tale et, pour s'orienter, une signalisation digitale du studio Cartlidge Lever
→ *224-238 Kensington High*
Tél. 020 3862 5900
Tlj. 10h-18h (dernière entrée
www.designmuseum.org

★ Leighton House B
Derrière la façade austère règne l'extravagance ! Frederic Leighton (1830-1896), peintre à succès,

Kensington Palace / Kensington Gardens

Serpentine Galle

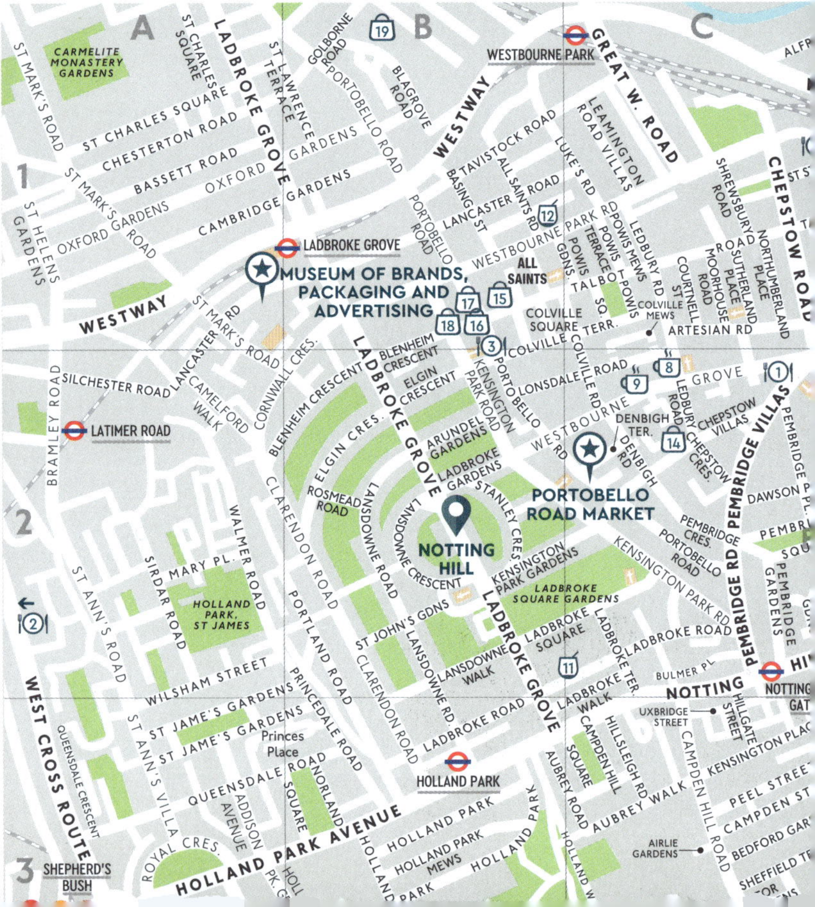

F

Kensington / Notting Hill

Lieu de villégiature avant que Kensington Palace ne devînt résidence royale, le quartier alterne de splendides demeures bourgeoises et des *mews* (écuries) reconverties, et attire les *shoppers* sur Kensington High Street. Au nord, les maisons victoriennes cossues et colorées font oublier que Notting Hill fut jadis un quartier d'immigration. Toujours présente au nord de Portobello Road, la communauté antillaise organise chaque été un fantastique carnaval caribéen. Encore plus loin, sur Golborne Road, de plus en plus *trendy*, éclosent cafés et boutiques, tandis qu'à l'est, les canaux et Little Venice promettent des balades romantiques.

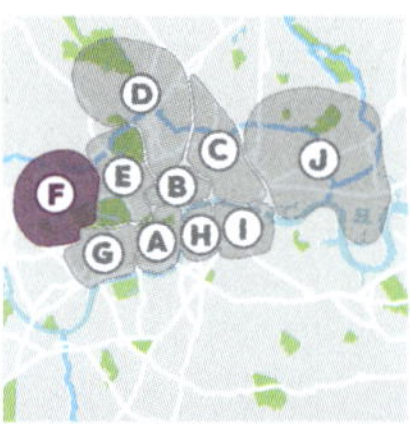

Electric Diner

Ottolenghi

RESTAURANTS

Taqueria C2 ①
Une cantine mexicaine à prix doux et de bonne tenue, dans un décor dépouillé. À la carte, *tacos*, *quesadillas*, etc. Plat 7,50-9,80£.
→ 141-145 Westbourne Grove
Tél. 020 7229 4734
Lun. 13h-23h, mar.-dim. 12h-23h (22h30 dim.)
www.taqueria.co.uk

Prairie Fire at The Wood Lane Arches hors plan A2 ②
Des viandes fumées et cuites lentement au gril, servies avec des sauces si spéciales que leur recette est tenue secrète ! Tentez le burger au bœuf angus, fumé 16h au bois de chêne, ou le *taco* de porc effiloché, à déguster avec une bière artisanale. Plat 8,50-16£.
→ Arches 88/89 Wood Lane Arches Tél. 075 0452 1183
Tlj. 12h-22h (23h ven.-sam.)

Electric Diner B1 ③
La sympathique brasserie du cinéma, avec ses tables en bois et ses banquettes de cuir rouge. Salades et petits plats soignés, dont le poulet au miel. Clientèle très cosmopolite et un volume de conversations qui rivalise avec celui de la sono ! Plat 9-19£.
→ 191 Portobello Road
Tél. 020 7908 9696 Tlj. 8h-1h (2h jeu.-sam. ; 23h dim.)

Kateh hors plan E1 ④
Proche de Little Venice, le meilleur de la gastronomie persane : petits calamars grillés, *ghormeh sabzi* (veau aux herbes et haricots rouges) et desserts maison. Plat 14-21£.
→ 5 Warwick Pl.
Tél. 020 7289 3393
Lun.-ven. 18h-23h ; sam. 12h-16h, 18h-23h ; dim. 12h-21h30

Maggie Jones's D3 ⑤
On se croirait dans le cottage d'une lady distinguée : boiseries, étagères garnies de pots, fleurs séchées... Les habitués y reviennent pour la gentillesse du service et les mets savoureux : *fish pie*, poulet rôti et *apple crumble*. Menu midi 24£ ; plat 18-30£.
→ 6 Old Court Pl.
Tél. 020 7937 6462
Lun.-ven. 12h-15h, 17h-21h ; w.-e. 12h-21h

The Cow C1 ⑥
Un gastropub cosy, où se retrouver au coin du poêle et se régaler d'huîtres et d'une Guinness... Pour un repas complet, s'attabler à l'étage (réservé au dîner et au traditionnel *Sunday roast*). Plat 12£ (déj. lun.-ven.), 19,50-36£ (dîner).

Churchill Arms

The Little Yellow Door

Ceramica Blue

→ 89 Westbourne Park Road
Tél. 020 7221 5400
***Bar et restaurant** Tlj. 11h (12h dim.)-23h **Dining room** Lun.-sam. 19h-23h ; dim. 12h-15h30*

SALON DE THÉ, CAFÉS

Kensington Palace Pavilion D3 (7)
Afternoon tea raffiné (34£) ou petit plat salé dans ce lumineux pavillon de verre donnant sur les jardins.
→ Kensington Palace, Kensington Gardens
Tél. 020 3166 6113
Mer.-dim. 10h-18h

Ottolenghi C2 (8)
Chez Yoram Ottolenghi, célèbre chef de talent originaire de Jérusalem, les belles salades équilibrées font voyager dans tout le Moyen-Orient ! Un service traiteur et quelques tables chéries des élégantes de Notting Hill.
→ 63 Ledbury Road
Tél. 020 7727 1121
Lun.-sam. 8h-19h, dim. 8h30-18h

Daylesford Organic Café C2 (9)
Soupes, salades, pain frais, cheddar, puddings... Rien que de bonnes choses bio dans ce grand café aéré, qui abrite une épicerie de produits de la ferme. Belle terrasse.
→ 208-212 Westbourne Grove
Tél. 020 7313 8050
Lun.-sam. 8h-18h (20h mar.-sam.), dim. 10h-16h

PUBS, BAR, CLUB

Churchill Arms C3 (10)
Ce grand pub à la façade entièrement fleurie et aux murs ornés d'un bric-à-brac de paniers d'osier et de photos, attire tant pour son atmosphère nocturne que pour son excellente cuisine thaïlandaise.
→ 119 Kensington Church St
Tél. 020 7727 4242
Lun.-sam. 11h-23h (0h jeu.-sam.), dim. 12h-22h30

Ladbroke Arms C2 (11)
Dans une maisonnette vert tendre, le plus chaleureux des pubs, avec cheminées, banquettes en bois et terrasse aux grandes tablées conviviales.
→ 54 Ladbroke Road
Tél. 020 7727 6648
Tlj. 12h-23h (22h30 dim.)

The Little Yellow Door B1 (12)
Grandes tables à partager, canapés, livres et jeux de société... On se croirait presque chez soi dans ce grand bar cosy occupant une maison de ville. Pour un cocktail ou un dîner, un DJ set ou un brunch à volonté (sam. 12h-15h). Réservation conseillée.
→ 6-8 All Saints Road
Tél. 020 4513 2429
Mer.-ven. 18h-1h (2h ven.) ; sam. 12h-15h, 18h-2h

Notting Hill Arts Club D2 (13)
Grand comme un mouchoir de poche, un dance-floor souterrain où s'étourdir de *world music* : *baile funk, drum'n'bass* asiatique, punk tzigane...
→ 21 Notting Hill Gate
*Tél. 020 7460 4459 Jeu.-sam. **Concerts** 19h30 **Club** 22h-5h*
www.nottinghillartsclub.com

SHOPPING

Fara Kids & Baby C2 (14)
Les petits aussi ont leur friperie : vêtements et accessoires parmi les grands noms de la mode.
→ 39-41 Ledbury Road
Tél. 020 7229 3634
Tlj. 10h-18h

Rough Trade B1 (15)
Le disquaire historique du label qui a signé entre autres The Smiths. Immanquable pour tout fan de musique indé (rock, pop, hard-core, post-rock...). Le top 100 de la maison est scotché sur la vitrine. Culte !
→ 130 Talbot Road
Tél. 020 7229 8541
Lun.-sam. 10h-19h, dim. 11h-17h

The Spice Shop B1 (16)
Derrière la devanture colorée, une caverne d'Ali Baba : fruits secs, herbes aromatiques et épices.
→ 1 Blenheim Crescent
Tél. 020 7221 4448 Lun.-sam. 10h-18h30, dim. 11h-17h

Books for Cooks B1 (17)
Des livres de cuisine du plancher au plafond et un minuscule restaurant où goûter les recettes des ouvrages en rayon !
→ 4 Blenheim Crescent
Tél. 020 7221 1992
Mar.-sam. 10h-18h

Ceramica Blue B1 (18)
Dans cette pimpante échoppe, bols, assiettes, verres et ustensiles en faïence ou en verre déploient toutes les couleurs de l'arc-en-ciel.
→ 10 Blenheim Crescent
Tél. 020 7727 0288 Lun.-sam. 10h-18h, dim. 12h-17h

Golborne Road B1 (19)
Friperies, créateurs et petits cafés bordent cette rue vivante et métissée.

Rellik (hors plan B1)
Pour dégoter des pièces de créateurs, une des friperies les plus pointues de la ville, fondée par trois anciens du marché de Portobello Road.
→ 8 Golborne Road
Tél. 020 8962 0089
Mar.-sam. 11h-18h, dim. 12h-17h

Sambourne House

The Design Museum

Leighton House

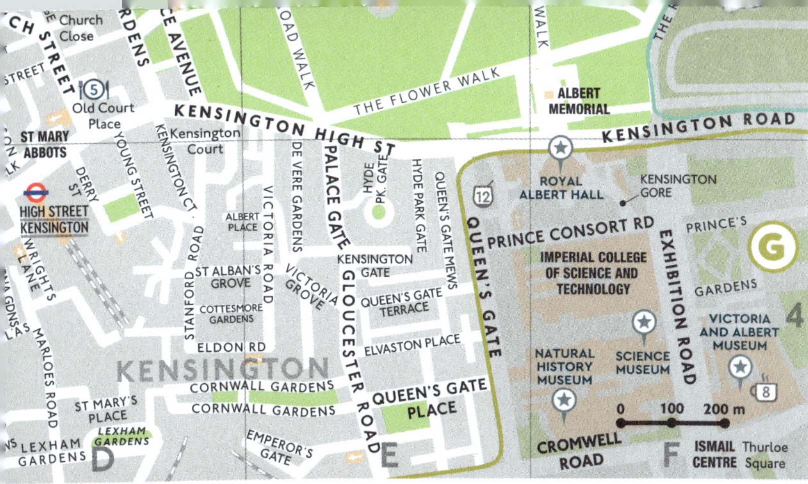

Portobello Road Market

Museum of Brands, Packaging and Advertising

Little Venice

nd voyageur et féru
rient, voulut des murs
n rouge pompéien et
hall digne d'un palais
be. Tableaux du maître et
ses amis préraphaélites,
nt Burne-Jones et Millais.
2 Holland Park Road
020 7602 3316 Mer.-lun.
-17h30 ***Visite guidée*** *Mer.,*
. 15h Tarif 9£

Holland Park B3
plus romantique des
cs londoniens, composé
vastes pelouses et de
dins divers (japonais,
landais, jardin de roses
d'iris) où des paons se
vanent. De Holland House
07), manoir de style
landais, il ne reste que
l'aile orientale. En été, le parvis devient scène de théâtre, de ballet ou d'opéra.
→ *Tlj. 7h30-coucher du soleil*

Notting Hill B2
Le quartier bohème de Londres, coloré et pentu ! Une bourgeoisie aisée y résidait à la fin du XIXe s. Après 1950, s'y installa une population caribéenne, puis espagnole et portugaise, qui cohabite aujourd'hui avec le petit monde du show-biz. Sur les hauteurs s'alignent belles demeures georgiennes et maisons pastel. Passée la rocade de Westway, le quartier est en pleine gentrification. Fin août, spectaculaire carnaval de la communauté afro-caribéenne britannique !

★ **Portobello Road Market** C2
À voir le samedi, quand les étals de fruits et légumes côtoient les stands d'antiquités, de *street food* et un joyeux pêle-mêle de fripes.
→ *Portobello Road Lun.-sam. 9h-18h (13h jeu. ; 19h ven.-sam.)*

★ **Museum of Brands, Packaging and Advertising** A1
Toute l'histoire des marques, des emballages et de la publicité, de l'ère victorienne à nos jours : boîtes, posters, échantillons de produits de consommation courante...
→ *111-117 Lancaster Road Tél. 020 7243 9611 Mar.-sam. 10h-18h, dim. 11h-17h Tarif 9£*

★ **Little Venice** E1
Là où Grand Union Canal et Regent's Canal se rejoignent, un large bassin permettait aux péniches de manœuvrer pour aller s'amarrer dans un troisième canal en cul-de-sac. De nos jours, seuls les *houseboats* animent les paisibles voies d'eau. Voir aussi p.24-25.
→ ***Puppet Theatre*** *35 Blomfield Rd Tél. 020 7249 6876* ***Spectacles*** *Oct.-fin juin : 11h, 15h (jours variables) www.puppetbarge.com*

Chelsea Physic Garden

Royal Hospital Che

★ **Royal Albert Hall** B1
Une rotonde en briques rouges coiffée d'un dôme métallique (1871), pour une illustre salle de concert à l'image d'un amphithéâtre romain. En été, depuis 1941, aucun Londonien n'y manquerait les "Proms" ou concerts-promenades de musique classique, où chacun peut écouter un concert à bas prix. Admirer, juste en face, l'Albert Memorial, édifié par la reine Victoria en hommage à son époux.
→ *Kensington Gore*
Tél. 020 7589 8212 (Rés.)
Visite guidée *Programme sur www.royalalberthall.com*

★ **The London Oratory** C2
Cette église néobaroque (1884) de la congrégation catholique de l'Oratoire abrite les statues des 12 apôtres de Giuseppe Mazzuoli (1644-1725).
→ *Brompton Road*
Tél. 020 7808 0900
Tlj. 6h30-20h

★ **Victoria & Albert Museum** C2
Plus de 2,3 millions d'œuvres réparties en 146 salles pour la plus grande collection d'arts décoratifs du monde. Cartons de tapisserie de Raphaël, tissus indiens, céramiques coréennes : la diversité des objets européens ou asiatiques est immense, et la section d'art indien ne possède d'équivalent qu'en Inde ! Aussi, sculpture, peinture anglaise et photographie. Depuis 2017, l'entrée sur Exhibition Road se fait par l'éblouissante Sackler Courtyard. Expositions majeures.
→ *Cromwell Road*
Tél. 020 7942 2000 Tlj. 10h-17h45 (22h ven.) www.vam.ac.uk
Entrée libre sauf expositions

★ **Science Museum** C1
Sur 7 niveaux, un musée à la pointe de l'innovation : interactivité et simulations, suivi au plus près des dernières évolutions scientifiques (missions sur Mars, progrès de la génétique...). D'autres sa relatent les inventions de l'ère industrielle. À ne pas manquer, la première machine à vapeur, la cap *Apollo 10* et une fusée V2.
→ *Exhibition Road*
Tél. 020 7942 4000 Tlj. 10h-

★ **Natural History Museum** B2
Des 80 millions de spécimens, seule une tou petite partie est exposée, racontant l'histoire et la diversité de la vie et de la Terre, des dinosau au moindre insecte, de l'éclat du diamant au

Royal Albert Hall

The London Oratory

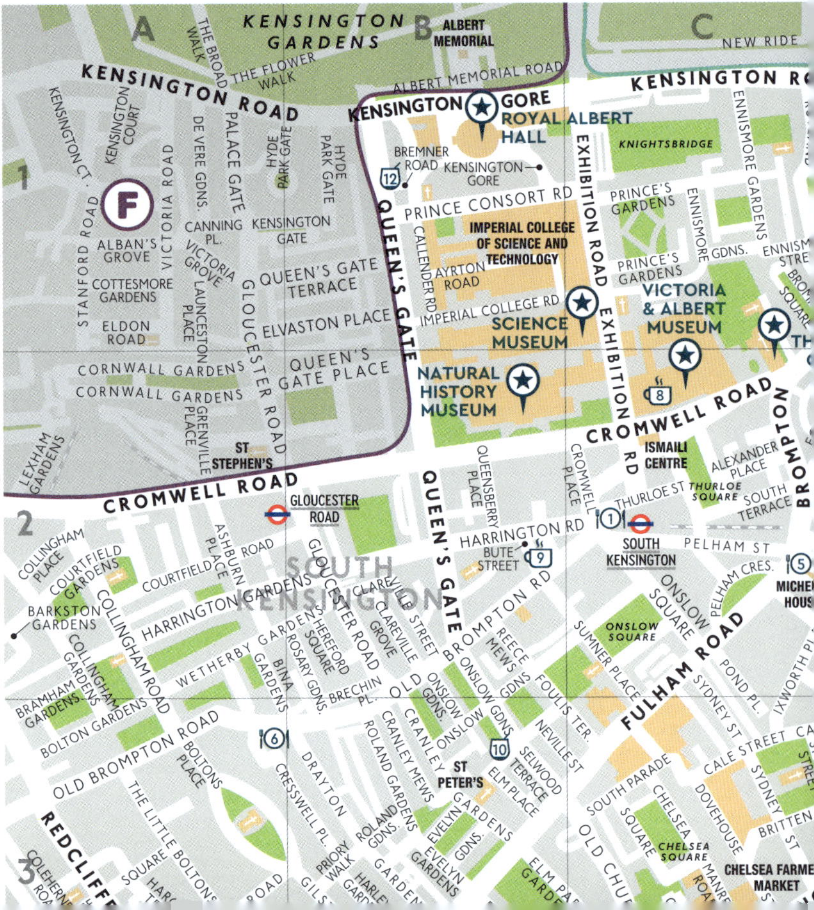

G

South Kensington / Belgravia / Chelsea

Des prestigieux musées de South Kensington, on gagne par Knightsbridge le nec plus ultra du shopping de luxe : Harrods et Sloane Street, vitrine de la haute couture. Plus à l'est, Belgravia dissimule ambassades et nobles demeures derrière ses imposantes façades, loin de l'ambiance animée et *fashion* de Chelsea : sur King's Road, l'irrévérence des Swinging Sixties et du mouvement punk a laissé place à des cafés *preppy* et à des boutiques de mode qui incitent au coup de folie. Plus au sud, les jardins et les ruelles fleuries où vécurent nombre d'artistes invitent à de plus sages flâneries.

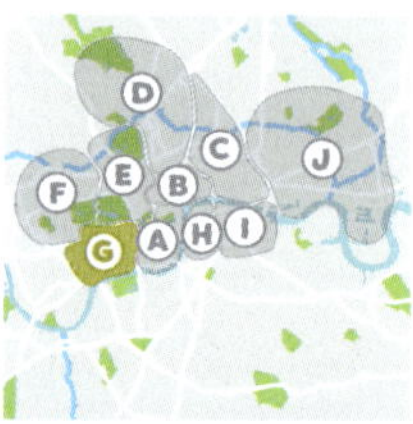

The Sea, The Sea

The Thomas Cub

RESTAURANTS

Leon C2 (1)
Du fast-food créatif, plein de saveurs et sain, inspiré de la Méditerranée et des Caraïbes : falafels, haloumi, mezze libanais, boulettes de viande siciliennes, curry de bananes plantain... Plat 5-7£.
→ *46 Thurloe St*
Tél. 020 7584 9444 Tlj. 11h-19h

The Sea, The Sea E2 (2)
Élégant étal de poissonnier d'un côté, bar sublimant la pêche du jour et les fruits de mer de l'autre. Juste l'essentiel, avec une pointe d'exotisme : un zeste de *yuzu*, une hollandaise rehaussée d'algues... Pour un peu, on croirait entendre la mer ! Plat 13-24£.
→ *174 Pavilion Rd*
Tél. 020 7824 8090
Mer.-sam. 12h-23h, 11h30-15h

The Phoenix D3 (3)
Belle adresse gourmande, dotée d'une terrasse où prendre le soleil. Cuisine de pub classique, bien exécutée. Tous les ven., *fish & chips*. Plat 15-21,50£.
→ *23 Smith St*
Tél. 020 7730 9182
Lun.-sam. 11h-23h, dim. 12h-22h30

The Thomas Cubitt F2 (4)
Une institution de Belgravia ! À la fois pub et restaurant élégant : gigot d'agneau, *beef & Guinness pie*, civet de chevreuil, *fish & chips*... Plat 17,75-27£.
→ *44 Elizabeth St*
Tél. 020 7730 6060 ***Étage***
Lun.-ven. 12h-15h, 18h-22h ; w.-e. 12h-21h30 (22h sam.)
Rdc *Tlj. 12-23h (22h30 dim.)*

Bibendum C2 (5)
Dans un bâtiment Art déco à l'effigie du Bonhomme Michelin, un magnifique restaurant pour déguster un plateau de fruits de mer et l'excellente cuisine du chef Claude Bosi. Au rdc, bar à huîtres plus abordable. Plat 21-38£.
→ *Michelin House, 81 Fulham Road Tél. 020 7581 5817*
Mer.-ven. 12h-14h, 18h30-21h30 ; sam. 12h-14h, 18h30-22h (22h sam.)

Cambio de Tercio A3 (6)
De grands tableaux aux scènes de corrida ornent les murs de l'accueillante salle aux couleurs vives. Délicieux assortiments de tapas (poulpe de Galice, encornets, clams). Tapa 6,75-20£ ; plat 28,25-37,25£.
→ *163 Old Brompton Rd*
Tél. 020 7244 8970
Dim.-lun. 12h-14h30

The Anglesea Arms

Harrods

Anthropologie

(15h dim.), 18h30-23h ; mar.-sam. 12h-14h30 (15h sam.), 18h30-23h30

Amaya E1 7
Les délices de l'Inde, dans la pénombre de ce restaurant étoilé : huîtres grillées sauce noix de coco, poulet tikka mariné au poivre noir, puis terrine de chocolat au *rasmalai*. Menu déj. 25-28£, menu dîner 85-90£.
→ *15 Halkin Arcade, Motcomb St Tél. 020 7823 1166 Lun. 18h-22h30 ; mar.-sam. 12h30-14h15, 18h-22h30 ; dim. 12h45-14h45, 18h-22h*

CAFÉ, GLACIER

The Morris Room C2 8
Au sein du musée, on passe le self aux lignes contemporaines avant d'atteindre trois superbes pièces en enfilade. Cadre historique pour un thé ou un déjeuner léger : grandes cheminées ouvragées, plafonds vertigineux, murs couverts de céramique et lustres gigantesques...
→ *Victoria & Albert Museum, Cromwell Road Tél. 020 7581 2159 Tlj. 10h-17h*

Oddono's B2 9
Des glaces italiennes maison aux saveurs exquises, préparées avec des ingrédients méticuleusement choisis : pistaches de Sicile, noisettes du Piémont, vanille de Madagascar, etc.
→ *14 Bute St Tél. 020 7052 0732 Lun.-ven. 12h-22h (23h ven.), w.-e. 11h-23h (22h dim.)*

PUBS, BARS

The Anglesea Arms B3 10
Un papier peint à grosses fleurs très *british* tapisse ce pub de quartier, où les panneaux de verre et de lambris créent des espaces intimes. Charmante terrasse.
→ *15 Selwood Terrace Tél. 020 7373 7960 Tlj. 12h-23h (22h30 ven.-sam. ; 22h dim.)*

Fox and Hounds E2 11
Pour échapper aux ondes *fashion* de Chelsea, un sympathique petit pub de quartier, sans prétention, ni juke-box, ni écran TV !
→ *29 Passmore St Tél. 020 7730 6367 Tlj. 12h-23h (22h30 dim.)*

Bar 190 B1 12
Boire un verre dans un bar d'hôtel est d'usage à Londres, alors autant en profiter ! Ici, les murs couverts de boiseries aux teintes rousses et les canapés en velours invitent à la langueur. Faune très *people*.
→ *Gore Hotel, 190 Queen's Gate Tél. 020 7584 6601 Tlj. 14h-23h45 (22h dim.)*

SHOPPING

Harvey Nichols E1 13
Le grand magasin le plus huppé de Londres, qui l'emporte sur Harrods pour les collections de mode. Cafés et restaurants au 5e étage.
→ *109-125 Knightsbridge Tél. 020 7235 5000 Lun.-sam. 10h-20h, dim. 11h30-18h*

Harrods D1 14
Un piano, une armure, une robe de soirée ? On trouve de tout dans ce mythique grand magasin au luxe tapageur. À voir, les spectaculaires Food Halls et leurs mets présentés dans un décor baroque.
→ *87-135 Brompton Road Tél. 020 7730 1234 Lun.-sam. 10h-21h, dim. 11h30-18h*

Anya Hindmarch E1 15
La talentueuse styliste britannique, au style délicieusement rétro, s'est inventé là un village miniature : devantures à l'ancienne, café aux douceurs inspirées de Sesame Street, collections éphémères, galerie d'art. À voir, ne serait-ce que pour la déco : même le lampadaire du passage piéton est décoré de petits yeux rigolos !
→ *9-17 Pont St Tél. 020 7838 9177 Lun.-sam. 10h-18h, dim. 12h-17h*

Anthropologie D3 16
Longues robes fluides, blouses, sacs ethniques, vaisselle ou couvre-lits imprimés, rien n'échappe à la touche bohème-chic de ce chaleureux *concept store* aux vitrages et ferronneries Arts & Crafts.
→ *131-141 King's Road Tél. 020 3514 7721 Lun.-sam. 10h-19h, dim. 12h-18h*

Brora E2 17
Le cachemire écossais dans tous ses éclats pour un seul mot d'ordre : de la couleur ! Pulls et bonnets verts, roses, rayés... pour toute la famille.
→ *6 Symons St Tél. 020 7730 2665 Lun.-sam. 10h-18h, dim. 12h-16h30*

British Red Cross Shop C3 18
Les Londoniens adorent s'habiller dans les *charity shops*. Celui de la Croix-Rouge se spécialise dans les articles vintage de grands couturiers : Alexander McQueen, Vivienne Westwood ou Gucci à des prix doux.
→ *69-71 Old Church St Tél. 020 7376 7300 Lun.-sam. 10h-18h, dim. 12h-17h*

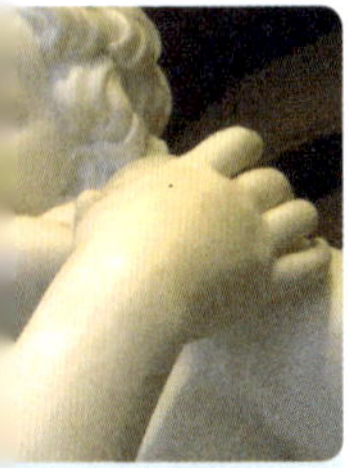
Victoria & Albert Museum

Science Museum

Natural History Museum

Saatchi Gallery

Holy Trinity

Belgrave Square

ıblement de terre. L'hiver, noire sur le parvis.
romwell Road
ɔ20 7942 5000 Tlj. 10h-
:o www.nhm.ac.uk

Chelsea Physic **rden** D4
: des plus anciens ıins botaniques du pays, ıdé en 1673 par la Société apothicaires. On y ivait alors les plantes dicinales. Au fil des les, l'enclos s'enrichit semences exotiques. ırmant café.
6 Royal Hospital Road
ɔ20 7352 5646 Avr.-oct. :
.-ven. 10h-16h ; nov.-déc.,
mars : lun.-ven. 11h-16h
f 14£ (réduit en hiver)

★ Royal Hospital Chelsea E3
Dans cet ensemble voulu par Charles II (XVIIᵉ s.), vivent environs 300 pensionnaires-vétérans, qui mènent, en uniforme, des visites guidées (rés. à l'avance). À voir : la chapelle et le réfectoire. Également les Ranelaghs Gardens, jardins qui accueillent en mai le Chelsea Flower Show, événement horticole sans égal inauguré par la reine.
→ *Royal Hospital Road*
Tél. 020 7881 5200
***Musée** Lun.-ven. 10h-16h*

★ Saatchi Gallery E2
Collectionneur richissime et controversé, indissociable de l'art contemporain britannique, Charles Saatchi expose les artistes qu'il a lancés, de Damien Hirst et ses animaux plongés dans le formol à Paula Rego et ses toiles teintées de réalisme magique.
→ *Duke of York's HQ, King's Road Tél. 020 7811 3070 Tlj. 10h-18h (dernière entrée 17h30)*
www.saatchigallery.com
Tarifs variables

★ Holy Trinity E2
Achevée en 1890, une église fascinante, “cathédrale du mouvement Arts & Crafts”, selon le poète J. Betjeman : plan asymétrique, orgue enfermé dans une cage dorée, colonnes de porphyre, et surtout de merveilleux vitraux, réalisés par (William) Morris & Co. Dans le chœur, la verrière figurant une galerie de personnages bibliques a été dessinée par le préraphaélite Edward Burne-Jones.
→ *Sloane St Tél. 020 7730 7270 Lun.-ven. 10h-17h, sam. 9h-15h45, dim. 8h45-11h*

★ Belgrave Square E1
Cette place bordée d'ambassades et de résidences cossues forme un ensemble parfaitement ordonnancé imaginé par Thomas Cubitt (1788-1855) en 1824. Ses demeures furent vite investies par la noblesse et l'élite politique.

BFI Southbank

Southbank Centre

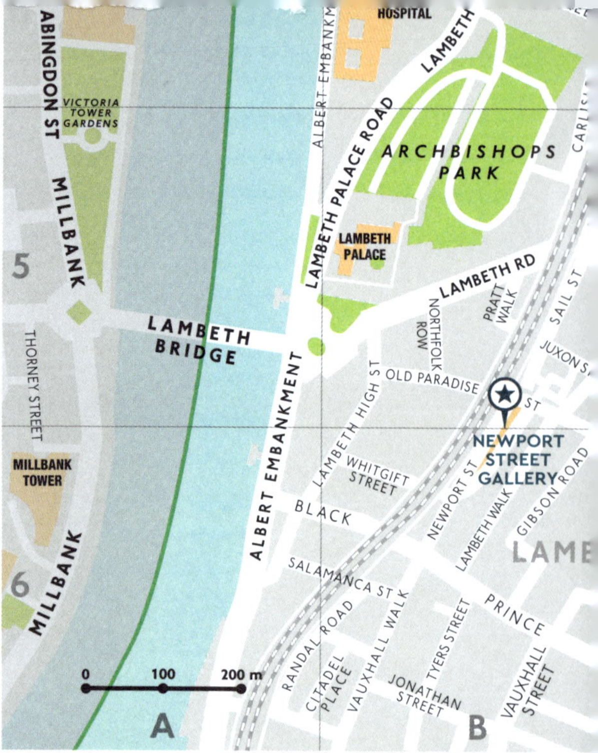

★ **Blackfriars Bridge** D1
Ce pont coloré aux arches d'acier surbaissées est orné de motifs végétaux et d'oiseaux. L'ouvrage actuel date de 1869, mais un pont existe à cet endroit depuis 1769. Il était alors le troisième à enjamber le fleuve, après London Bridge et Westminster Bridge.

★ **OXO Tower** C2
Ses lettres lumineuses rouges forment un repère dans l'horizon nocturne de South Bank... Ancienne centrale électrique devenue, dans les années 1920, un entrepôt frigorifique pour Liebig, propriétaire des célèbres bouillons cubes OXO, et reconstruite alors dans un style Art déco, la tour abrite aujourd'hui des appartements, des boutiques design et un bar-restaurant panoramique.
→ *Bargehouse St*
Mar.-dim. 10h-18h

★ **National Theatre** C2
Une forteresse ? Non, l'un des théâtres les plus réputés de la ville. L'édifice de béton, imaginé par Denys Lasdun en 1975, dispose de trois salles accueillant des pièces avant-gardistes aussi bien que des comédies musicales. On peut accéder librement au foyer, d'un beau design *seventies*, qui abrite une librairie et un bar. Visites guidées des coulisses, à la découverte de la machinerie.
→ *Tél. 020 7452 3000*
***Visite guidée** Lun.-sam. 10h-23h*
www.nationaltheatre.org.uk

★ **BFI Southbank** B2
Le British Film Institute, cinémathèque nationale et haut lieu de la cinéphilie ! Films, rétrospectives et grands événements, dont le London Film Festival, ainsi qu'une médiathèque où visionner des perles rares. La Reuben Library y détient sans doute la plus importante collection au monde de livres sur le cinéma et la télévision. Et à deux pas, le BFI IMAX abrite le plus grand écra du pays (20 x 26 m) !
→ *Tél. 020 7928 3232 Tlj. 1c 23h **Médiathèque** Mar.-dim 11h-19h **Reuben Library** Ma sam. 11h-18h www.bfi.org.u*

★ **Southbank Centre**
Oubliée, la polémique q entoura ce centre artistiq dès sa création (1951) : désormais, le béton gris s'intègre au paysage de South Bank. Pour preuve les visiteurs raffolent de espaces intérieurs baign de lumière, rénovés en 2 pour voir une exposition d'art contemporain à la Hayward Gallery, écouter un concert au Royal Festi Hall ou simplement boire

Blackfriars Bridge

OXO Tower

National Theatre

Du passé de ces quartiers, peu de traces. Les marécages ont été asséchés il y a bien longtemps. La dernière guerre a dévasté les ateliers et les fabriques qui au XIXe s. avaient transformé les villages en important centre industriel. Des décombres ont surgi des équipements culturels capables de rivaliser avec ceux du Nord. Le South Bank Centre, construit dans les années 1950-1960, a le premier relevé le défi, et depuis, les équipements se sont multipliés : théâtre, cinémas, musées... Queen's Walk se poursuit d'ouest en est, dévoilant les secrets de la rive sud et offrant de belles vues sur celle d'en face.

Southbank Centre Food Market

Meson Don Felipe

RESTAURANTS

Southbank Centre Food Market B2 (1)
En retrait du quai de Southbank, un petit marché de spécialités gastronomiques des quatre coins du monde. Curry mauritien, saucisse et jambon polonais, *tacos* mexicains, mais aussi crêpes, pâtisseries siciliennes, au total une trentaine d'options pour les carnivores, les végétariens et les végans. Plat à partir de 7£.
→ *Southbank Centre Square*
Ven., dim. 12h-20h (18h dim.) ; sam. 11h-20h

Meson Don Felipe D3 (2)
Boquerones (anchois marinés), sardines, *tortillas*, *jamón iberico*... L'un des meilleurs bars à tapas de Londres, où les guitares résonnent. Tapas 4,25-12,95£.
→ *53 The Cut*
Tél. 020 7928 3237
Lun.-sam. 12h-23h

The Anchor & Hope D3 (3)
Le fleuron des gastropubs de la rive sud ! Décor sobre mais chaleureux, pour une cuisine du jour aux accents de terroir : salade d'escargots et bacon, canard au vin rouge, agneau de sept heures pour 2-3 pers. Menu midi 16£, plat 7-22,80£.
→ *36 The Cut*
Tél. 020 7928 9898 Mer.-sam. 17h30-21h ; sam. 12h-15h30, 17h30-21h ; dim. 12h30-15h30

Masters Superfish D4 (4)
Murs en briques rouges, bibelots surannés et photos d'un autre âge... Rien de très attrayant dans le décor de ce *fish & chips*, mais une fois attablé, on n'a plus d'yeux que pour les gargantuesques portions ! Plat 8,75-13,75£.
→ *191 Waterloo Road*
Tél. 020 7928 6924
Lun.-sam. 12h-15h, 16h30-22h30 (23h ven.)

The Cut D3 (5)
Jeune et inspiré, à l'image du Young Vic Theatre qui l'abrite. Belle salle contemporaine ou terrasse pour une salade, un plat simple et bio (*fish & chips*, burger, risotto), un brunch ou juste un cocktail, avec ou sans billet de théâtre ! Plat 8-25£.
→ *Young Vic, 66 The Cut*
Tél. 020 7928 4400 Lun.-sam. 16h (12h mar.-sam.)-23h
Cuisine jusqu'à 20h lun. ; 21h30 mar.-sam.

House Restaurant B2 (6)
La table épurée du National Theatre,

Konditor

Cubana

The Old Vic

aux lignes design, régale son public d'une cuisine classique parfaitement exécutée : côtes d'agneau agrémentées d'un caviar d'anchois et de persil, coquilles saint-jacques, poitrine de porc, polenta de champignons sauvages... Plat 17-24£.
→ *National Theatre*
Tél. 020 7452 3600 Mar.-sam. 17h-23h (12h-14h30 lors des spectacles matinaux)

PÂTISSERIE, CAFÉS, BARS

Konditor C3 7
Recettes typiquement anglaises pour cette pâtisserie artisanale à 3 min de Waterloo : *Victoria sponge cake* à la confiture et à la crème, scones, brownies, crumble aux pommes... Petit salon de thé à l'arrière.
→ *22 Cornwall Road*
Tél. 020 7633 33 33
Lun.-sam. 8h-19h (18h sam.), dim. 10h-17h

Scootercaffè C4 8
Dans un ancien atelier de réparation de Vespa, un café bohème au mobilier dépareillé pour prendre un (excellent) café, sortir sa *lunch box* ou boire un verre.
→ *132 Lower Marsh*
Tél. 020 7620 1421
Tlj. 9h-23h (0h ven.-sam.)

Fire Station C3 9
Un pub à succès, aménagé dans une ancienne caserne de pompiers ! Excellent choix de bières pression et de vins, *english breakfast*, burgers et pizzas au feu de bois, et toutes sortes de snacks à partager tout au long de la journée.
→ *150 Waterloo Road*
Tél. 020 3727 5938
Tlj. 9h-23h (22h dim.)

Cubana C3 10
Boissons et rythmes ensoleillés, dans un mic-mac de bondieuseries, chaises colorées, portraits du Che et photos de Cuba. Cocktails tropicaux, bières, vins, tapas et spécialités latino-américaines. *Happy hour* entre 16h et 19h, salsa *live* ven. et sam. soir.
→ *48 Lower Marsh*
Tél. 074 7496 8275
Lun.-ven. 12h-0h (1h mer.-jeu. ; 3h ven.), w.-e. 13h-3h (23h dim.)

OXO Tower Bar C2 11
Au 8e étage de la tour OXO, vue d'avion sur la Tamise et la City et cocktails raffinés. Jazz *live* tous les soirs à la brasserie attenante et terrasse en été. Penser à réserver !
→ *OXO Tower Wharf, Bargehouse St*
Tél. 020 7803 3888
***Brasserie** Tlj. 12h-22h*
***Restaurant** Tlj. 12h-14h30, 18h (17h mer.-sam.)-22h*

THÉÂTRE, CENTRES CULTURELS

The Old Vic C3 12
Dans une belle salle à l'italienne, des mises en scène classiques, mais sûres. À deux pas, le Young Vic Theatre est un tremplin pour les jeunes dramaturges britanniques.
→ *The Cut Tél. 0344 871 7628*
www.oldvictheatre.com

St John's Church C3 13
Le révérend de cette église en a fait une institution militante et ouverte à tous. C'est ici que se produisent le Southbank Sinfonia, un orchestre de jeunes talents, ainsi qu'un chœur LGBT. Festival artistique en juin.
→ *73 Waterloo Rd*
Tél. 020 7633 9819
www.stjohnswaterloo.org

The Vaults C4 14
Dans les sous-sols de Waterloo Station, un pôle culturel unique et complètement décalé offrant performances, concerts, stand up, théâtre immersif, cabaret, cirque...
→ *Leake Street Accès par York Road ou Lower Marsh*
www.thevaults.london

SHOPPING

Southbank Centre Book Market B2 15
Caché sous un pont, un marché aux livres connu des chineurs pour ses trésors : BD, affiches, cartes anciennes, etc.
→ *Queen's Walk, sous Waterloo Bridge*
Tél. 020 3879 9555
Tlj. 10h (11h dim.)-19h

OXO Tower Design Shops C2 16
Une ruche de boutiques-ateliers de designers indépendants dont certains proposent leurs créations en exclusivité. Soieries tissées main, vêtements, déco, mobilier, joaillerie, papeterie, etc.
→ *OXO Tower Wharf, Bargehouse St*
Mar.-dim. 11h-18h
www.oxotower.co.uk

Gabriel's Wharf C2 17
Quelques mètres carrés de quai préservés où trouver boutiques d'artisanat et terrasses de café.
→ *56 Upper Ground*

Nordic Nic Nac
Articles pour enfants inspirés de Scandinavie, pour un hiver cosy : livres, peluches, vêtements et plaids.
→ *14 Gabriel's Wharf*
Tél. 020 3489 3031
Mer.-dim. 12h-18h

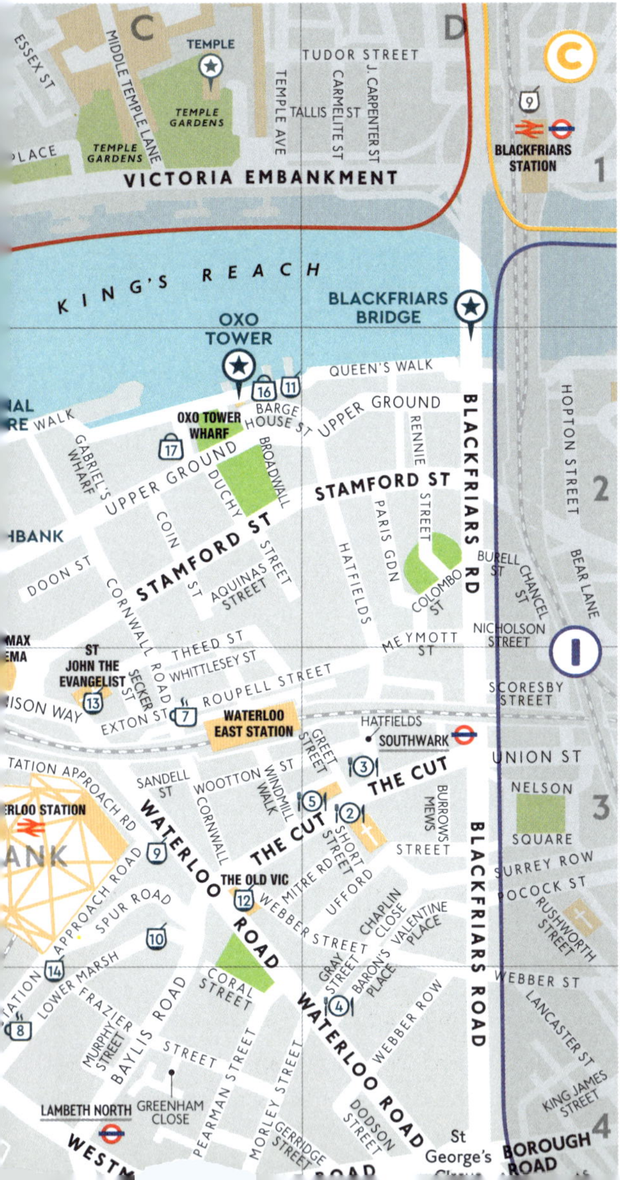

London Eye

London County Hall

Sea Life London Aquarium

Imperial War Museum

Newport Street Gallery

erre. *Street food market* endredi au lundi. *elvedere Road* *020 3879 9555* *v.southbankcentre.co.uk*

London Eye B3
la plus grande roue urope, un tour de 40 min r s'élever à 135 m, ontempler Londres n haut. Par beau temps, orama dégagé à 40 km ! *Queen's Walk* *020 7967 8021 Horaires s. fortement conseillée* *www.londoneye.com* *f 29,50£*

London unty Hall B3
imposant édifice en rre de Portland fut jusqu'en 1986 le siège du Greater London Council (GLC). Derrière son élégante façade baroque, des restaurants, des hôtels, le London Dungeon, un musée de l'horreur interactif animé par des comédiens, sur fond d'histoire anglaise et surtout, un aquarium.
→ *Riverside Building, Queen's Walk* ***London Dungeon*** *Lun.-ven. 11h-16h, w.-e. 10h-17h (16h dim.) www.thedungeons.com Tarif 30£*

Sea Life London Aquarium
Pour caresser des raies, assister au repas des requins et découvrir des poissons de mer et d'eau douce de tous les climats.
→ *Tlj. 10h-16h (17h w.-e.) www.visitsealife.com/london Tarif 30£ env.*

★ Imperial War Museum C5
Ce musée raconte la vie des civils durant les deux guerres mondiales, du travail des femmes aux couvre-feux, alertes aériennes et messages de propagande... Objets, documents d'époque, reconstitutions avec son et lumière, dont une tranchée de 1914-1918, et une exposition bouleversante sur l'Holocauste.
→ *Lambeth Road* *Tél. 020 7416 5000 Tlj. 10h-18h www.iwm.org.uk*

★ Newport Street Gallery B6
Une galerie d'art contemporain créée par l'artiste-star Damien Hirst *himself* pour abriter sa formidable collection d'art. Depuis la fin des années 1980, l'artiste a en effet acquis plus de 3 000 œuvres (Pablo Picasso, Francis Bacon, Banksy...). Pharmacy 2, le café conçu par Hirst, présente quelques-unes de ses œuvres, notamment les célèbres *Medicine Cabinets*.
→ *1 Newport Street Mer.-dim. 10h-17h lors des expositions www.newportstreetgallery.com*

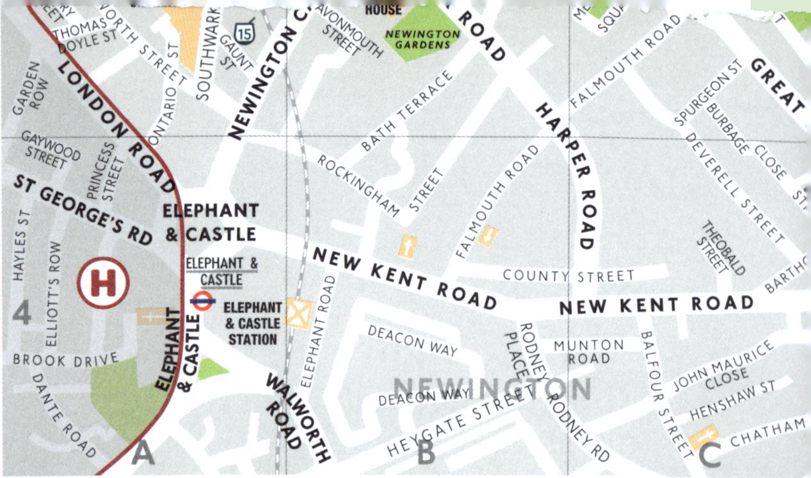

The Shard

Southwark Cathedral

Shakespeare's Globe Exhibi

★ **Tower of London** E1
Guillaume le Conquérant la fit bâtir pour s'assurer le contrôle de la Tamise. La redoutable forteresse servit aussi de prison durant huit siècles. Aujourd'hui, les Yeomen Warders en habit Tudor veillent toujours sur le fabuleux trésor de la Couronne, les insignes du sacre... et la foule des visiteurs !
→ *Tél. 020 3166 6000 Mars-oct. : tlj. 9h (10h dim.-lun.)-17h30 ; nov.-fév. : tlj. 9h (10h dim.-lun.)-16h30 Tarif 29,90£*

★ **St Katharine Docks** F1
Il fait bon flâner sur les docks de l'unique port de plaisance de Londres, où tanguent de surprenants navires. Boutiques et pubs sont au rendez-vous.
→ *50 St Katharine's Way Tél. 020 7264 5287*

★ **Tower Bridge** F1
Symbole de Londres autant que Big Ben, sa singulière silhouette rappelle la puissance maritime de l'ère victorienne, lorsque l'intense trafic sur la Tamise nécessitait des ponts mobiles laissant passer les navires. Les deux tours néogothiques dissimulent un système hydraulique complexe utilisé pour lever les deux tabliers à bascule. Un musée retrace l'histoire du pont. Vue splendide de la passerelle, aménagée à 42 m au-dessus de l'eau et dont une section comporte un sol en verre !
→ *Tél. 020 7403 3761 Tlj. 9h30-18h Dernière entrée 1h avant Tarif 11,40£*

★ **City Hall** E2
L'architecte Norman Foster a imaginé pour le nouvel hôtel de ville, où siège la Greater London Authority, un surprenant building en forme de bulbe incliné (2002). À l'intérieur, une remarquable rampe hélicoïdale mène à la salle des débats.
→ *The Queen's Walk Tél. 020 7983 4000 Lun.-ven. 8h30-18h (17h30 ven.)*

★ **HMS Belfast** D1
Ce croiseur, en service de 1938 à 1963, s'illustra notamment lors du débarquement en Normandie, le 6 juin 194
Pour découvrir la vie des marins à bords d'un croiseur.
→ *The Queen's Walk Tél. 020 7940 6300 Avr.-oct. tlj. 10h-18h ; nov.-mars : mer sam. 10h-17h Tarif 23,60£*

★ **Fashion and Textil Museum** D2
Sis dans un bâtiment bicolore du mexicain Ricardo Legorreta (2001), un musée de la mode, for en 2008 par la fantasque styliste Zandra Rhodes.

Tower of London

St Katharine Dock

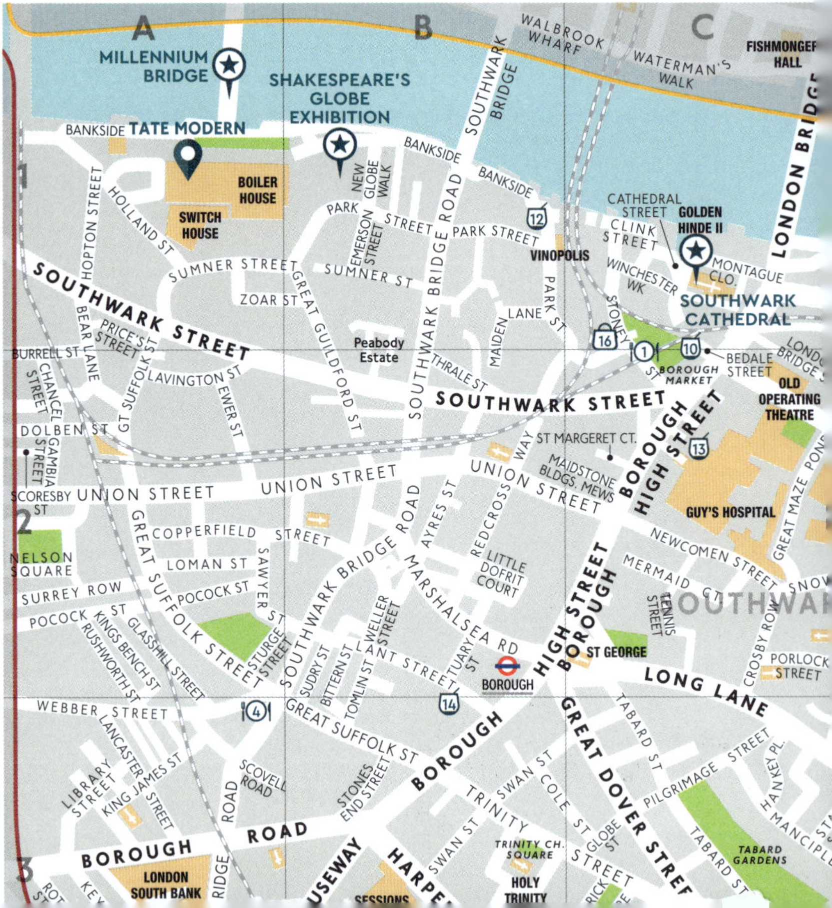

Parent pauvre, ce quartier n'avait reçu en héritage que maisons closes, tavernes et théâtres. Le commerce maritime lui apporta un temps la prospérité, mais avec la fermeture des docks dès 1970, il déclina de nouveau. À présent, rénovations et innovations se succèdent, de la Tate Modern au City Hall, en passant par The Shard (le plus haut gratte-ciel du pays). Restaurants et cafés en vogue vibrent autour de Borough Market jusqu'à Bermondsey Street, rue d'entrepôts conquise par les lofts. Le long de la Tamise, la promenade aménagée de Queen's Walk, dont les abords ont séduit une population aisée, relie Tower Bridge au London Eye.

Borough Market

M. Manze

RESTAURANTS

Borough Market
C1-C2 (1)
Le plus ancien marché alimentaire de Londres (1756), niché sous les voies ferrées, derrière Southwark Cathedral. Ses étals d'épices et de produits frais font fureur ! À midi, on y déjeune de délicieux bagels, *pies* ou grillades.
→ 8 Southwark St
Tél. 020 7407 1002
Dim.-ven. 10h-17h (15h dim.), sam. 8h-17h

Maria's Market Café
Un *greasy spoon* (boui-boui) réputé, où les travailleurs viennent à l'aube. *Bap*, *roll*, sandwich 3-6,50£.
→ Mar.-sam. 7h30-15h30

M. Manze D3 (2)
Le *pie & mash* et les *jellied eels* (anguilles en gelée) incarnent à eux seuls la tradition culinaire cockney. À découvrir dans une salle aux airs de cantine. Plat 5-7£.
→ 87 Tower Bridge Road
Tél. 020 7407 2985
Lun.-jeu. 10h30-17h45, ven.-sam. 10h-18h45 (19h45 sam.), dim. 11h-14h45

Maltby Street Market E3 (3)
Plus confidentiel et plus *hype* que Borough Market, ce marché fait le plein le w.-e. grâce à ses stands de *street food* : burgers, crêpes, couscous, falafels... Dès 5£.
→ Ropewalk, Maltby St
Sam. 10h-17h, dim. 11h-16h

Chimichurris A3 (4)
Avis aux carnivores, ce restaurant argentin mise tout sur ses grillades, servies en sandwich le midi ou dans de copieuses assiettes au dîner. Plat 13-24£.
→ 132 Southwark Bridge Road
Tél. 020 7928 7414
Mar.-ven. 17h-23h, w.-e. 12h-23h (22h dim.)

Tanner & Co D2 (5)
Une salle claire pour une sélection de plats et de *nibbles* (snacks) bien d'ici : mousse de foie de volaille, ragoût de lapin, *black pudding*, etc. Plat 16-22£.
→ 50 Bermondsey St
Tél. 020 7357 0244
Lun.-sam. 10h-23h (1h jeu.-sam.), dim. 12h-18h

The Butlers Wharf Chop House F2 (6)
Face au Tower Bridge, le lumineux restaurant du chef Behzad Gotla sert une cuisine résolument *british* ! Souris d'agneau Wellington, saumon rôti à l'ail sauvage, bœuf au barbecue, tarte au citron et sa meringue toastée, sur des tables nappées de blanc. Plat 15,50-42£.

Maltby Street Market

The Anchor

Neal's Yard Dairy

→ *Butler's Wharf 36E Shad Thames Tél. 020 7403 3403 Lun.-sam. 12h-15h, 17h30-23h ; dim. 12h-15h45, 17h30-22h*

BAR, MICRO-BRASSERIES, PUBS, CLUB

Bermondsey Beer Mile
Après Prague et Munich, Londres est l'autre capitale européenne de la bière ! Seize microbrasseurs se sont installés sous les arches du chemin de fer, le long de Druid Street, Enid Street et Almond Street.

Cloudwater F3 7
Brasseur de bières de saison.
→ *73 Enid St Tél. 020 7064 84 44 Mer.-ven. 16h-20h (22h jeu.-ven.), sam. 13h-22h, dim. 14h-20h*

The Barrel Project F3 8
Bières vieillies en fût de chêne.
→ *80 Druid St Tél. 020 7394 67 63 Mer.-sam. 16h (11h sam.)-23h, dim. 12h-19h*

Hawkes Cidery & Taproom F3 9
Une vingtaine de cidres à la pression.
→ *86-92 Druid St Tél. 020 3903 83 87 Jeu.-ven. 16h-23h, w.-e. 12h-23h (19h dim.)*

Bedales of Borough Market C1 10
Petit bar à vins, pour déguster des crus et tapas du monde entier, tout en écoutant, à l'occasion, un concert (vers 19h).
→ *5 Bedale St Tél. 020 7403 8853 Tlj. 12h-23h30 (19h dim.)*

Dickens Inn F1 11
Pareil à un chalet suisse fleuri, un pub gigantesque à la fantastique vue sur les docks et Tower Bridge.
→ *St Katharine's Way Tél. 020 7488 2208 Tlj. 12h-23h (22h30 dim.)*

The Anchor B1 12
Ce vieux pub (1676) à la façade pimpante étale sa grande terrasse et ses conviviales tables en bois au bord de la Tamise.
→ *34 Park St Tél. 020 7407 1577 Lun.-sam. 11h-23h (23h30 jeu.-sam.), dim. 12h-22h*

George Inn C2 13
Une auberge classée (1677) devenue pub. Sa double galerie, l'une des dernières à Londres, donne sur une jolie cour pavée. À l'étage, restaurant dans les anciennes chambres ; au rdc, plusieurs petites salles reliées entre elles par l'extérieur... Chercher où commander sa pinte !
→ *77 Borough High St Tél. 020 7407 2056 Lun.-sam. 11h-23h (0h jeu.-sam.), dim. 12h-22h30*

Gladstone Arms B3 14
Un pub de quartier atypique et décontracté dans une maison à deux étages. Au rdc, le bar avec concerts et sets de DJ, et au premier, une salle cosy pour papoter au calme ou jouer à des jeux de société. Bières, cidres, *pies*...
→ *64 Lant St Tél. 020 7407 3529 Tlj. 12h-23h (0h ven.-sam. ; 22h30 dim.)*

Ministry of Sound A3 15
Plus qu'un club, c'est un son, une marque et des *mix* de légende. Garage, house ou R'n'B, les DJ du MoS attirent les clubbers du monde entier.
→ *103 Gaunt St Tél. 020 7740 8600 Mar., ven. 22h30-3h (6h ven.) ; sam. 23h-6h www.ministryofsound.com*

SHOPPING

Neal's Yard Dairy C1 16
Les meules de *farmhouse cheese*, spécialité de ce fromager, s'empilent et s'affinent jusqu'au plafond, surplombant les clients venus les découvrir.
→ *6 Park St Tél. 020 7500 7520 Lun.-sam. 9h (8h sam.)-17h, dim. 10h-16h*

Hay's Galleria D1 17
Entre les deux entrepôts de beurre et d'épices de Hay's Wharf (XIXe s.) superbement rénovés, une voûte en berceau vitrée, portée par une frêle armature d'acier culmine à 30 m de haut ! Elle abrite une galerie de cafés, restaurants et boutiques.
→ *1 Battle Bridge Lane Tél. 020 7403 1041*

Bermondsey Square Market E3 18
Le vendredi, les stands d'antiquités envahissent cette placette où l'on croise les professionnels en quête de bonnes affaires, dès l'aube !
→ *Bermondsey Sq. Brocante Ven. 6h-14h*

Flea at Vinegar Yard D2 19
Dans ce marché, antiquités, vinyles et pièces vintage côtoient les créations de designers. Pop up stores et cafés.
→ *St Thomas St W.-e. 11h-17h*

Bermondsey Fayre E3 20
Cette adorable boutique regorge d'objets uniques : illustrations, vêtements pour enfants, bijoux et surprenants accessoires.
→ *212 Bermondsey St Tél. 020 7403 2133 Jeu.-dim. 11h (12h dim.)-17h*

Tower Bridge

Fashion and Textile Museum

City Hall

Tate Modern

Millennium Bridge

découvre le travail
rands couturiers,
rateurs, photographes,
observe l'évolution
silhouette féminine
des époques.
Bermondsey St
20 7407 8664 Tlj. 11h-18h
ftmlondon.org Tarif 12,65£

he Shard D2
inant "éclat" de verre
10 m de haut, le Shard
enzo Piano (2012) a
ssiné la *skyline* de la
Du 72e étage, à 244 m,
vertigineuse à 360° !
London Bridge St
844 499 7111 (rés.)
ires à consulter en ligne
theviewfromtheshard.com
32£

★ Southwark Cathedral C1
Mosaïques romaines, portail normand, chœur gothique… Maintes fois modifiée, la cathédrale raconte 2 000 ans d'histoire, jusqu'aux rénovations à l'orée du IIIe millénaire. Du haut de sa tour, Hollar grava sa fameuse *Long View of London* en 1647.
→ London Bridge
Tél. 020 7367 6700 Lun.-sam. 9h-18h, dim. 8h30-17h

★ Shakespeare's Globe Exhibition B1
Visite du mythique théâtre de Shakespeare, le Globe (1599), et du musée relatant sa reconstruction réalisée avec les matériaux et techniques du XVIIe s. Comme il y a quatre siècles, on y joue (fin avr.-sept.) les pièces de Shakespeare !
→ 21 New Globe Walk
Tél. 020 7902 1500
***Exposition** Tlj. 9h-17h*
www.shakespearesglobe.com

Tate Modern A1
En l'an 2000, Herzog & de Meuron réalisent un musée d'art contemporain dans une ancienne centrale électrique dotée d'un hall de 35 m de haut. En 2016, ils signent une pyramide asymétrique (Switch House), dotée d'une fabuleuse terrasse ouverte à 360° sur la ville ! Les espaces accueillent une très riche collection d'art moderne et contemporain exposée par roulement et par thématique, mais aussi installations, performances et expositions phares.
→ Bankside
Tél. 020 7887 8888
Tlj. 10h-18h www.tate.org.uk

★ Millennium Bridge A1
Conçue par Foster + Partners, cette passerelle piétonne (2000) tire un trait d'union entre la Tate Modern et la City. Le ruban d'acier de 325 m, seulement soutenu par deux piles, ouvre une perspective magique sur Saint-Paul.

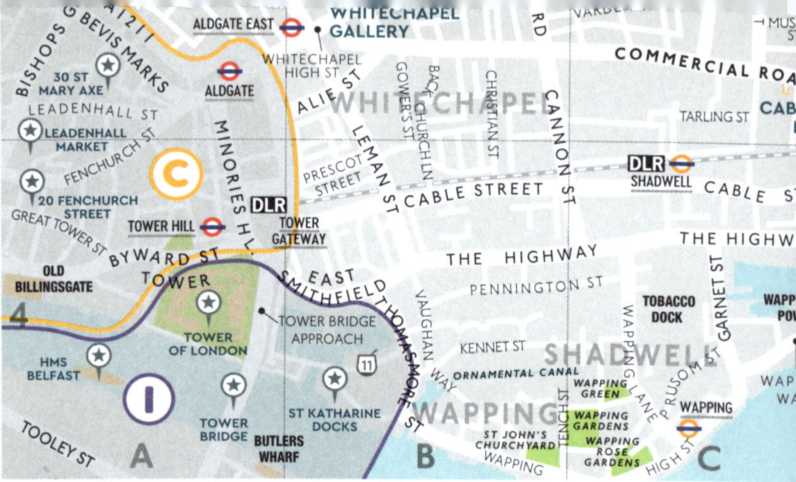

Queen Elizabeth Olympic Park / Aquatics Centre

Whitechapel Ga

★ The Old Truman Brewery A3
Épicentre de Brick Lane, les entrepôts de cette brasserie du XVIIIᵉ s. forment un immense réseau urbain aux allures de squat. S'y côtoient des ateliers de graphistes, des boutiques alternatives, un bar underground et une salle d'exposition. Le w.-e., le Sunday Upmarket (*street food* et designers) et le Backyard Market (artisanat) prennent d'assaut parkings et hangars, tandis que le Vintage Market (vêtements et accessoires) est ouvert tous les jours.
→ 91 Brick Lane
Tél. 020 770 6000

★ Museum of the Home A1
Immersion dans la vie des familles britanniques de la classe moyenne. Les salles et jardins superbement décorés de cet hospice du XVIIIᵉ s. racontent l'évolution de l'habitat depuis le XVIIᵉ s.
→ 136 Kingsland Road
Tél. 020 7739 9893
Mar.-dim. 10h-17h

★ V&A Museum of Childhood C2
Dans une impressionnante halle de brique et de fer, le musée retrace, à l'aide d'une myriade de jouets, vêtements et documents, l'histoire de l'enfance à travers les époques. Mention spéciale pour la collection de maisons de poupées du XVIIᵉ au XXIᵉ s.
→ Cambridge Heath Road
Fermé pour rénovation jusqu'à l'été 2023 www.vam.ac.uk

★ Sutton House
hors plan C1
Lambris de chêne, peintures en trompe-l'œil, cheminées sculptées... Bâtie en 1535, l'une des rares maisons en brique du temps des Tudor témoigne de la vie d'une famille aisée sous Henri VIII.
→ 2-4 Homerton High St
Tél. 020 8986 2264 Mer.-dim. 12h-17h (seulement le week-end en jan.-avril) Tarif 8£

★ Victoria Park D1
Le plus ancien parc public de Londres ! Aménagé entre 1842 et 1846, le "Parc du peuple" fut un haut lieu rassemblement politiqu la classe ouvrière venait écouter et prenait la parc sur moult sujets. Ses 86 réunissent aujourd'hui pelouses, canaux, étang terrains de sport, et mêm une pagode chinoise ! Festivals en été.
→ Grove Road
Tlj. 7h-coucher du soleil

★ Queen Elizabeth Olympic Park F1
Créé pour les Jeux olympiques de 2012, ce de 230 ha est ouvert à to activités sportives dans les anciens centres des J jardins aménagés

The Old Truman Brewery

Museum of the Hom

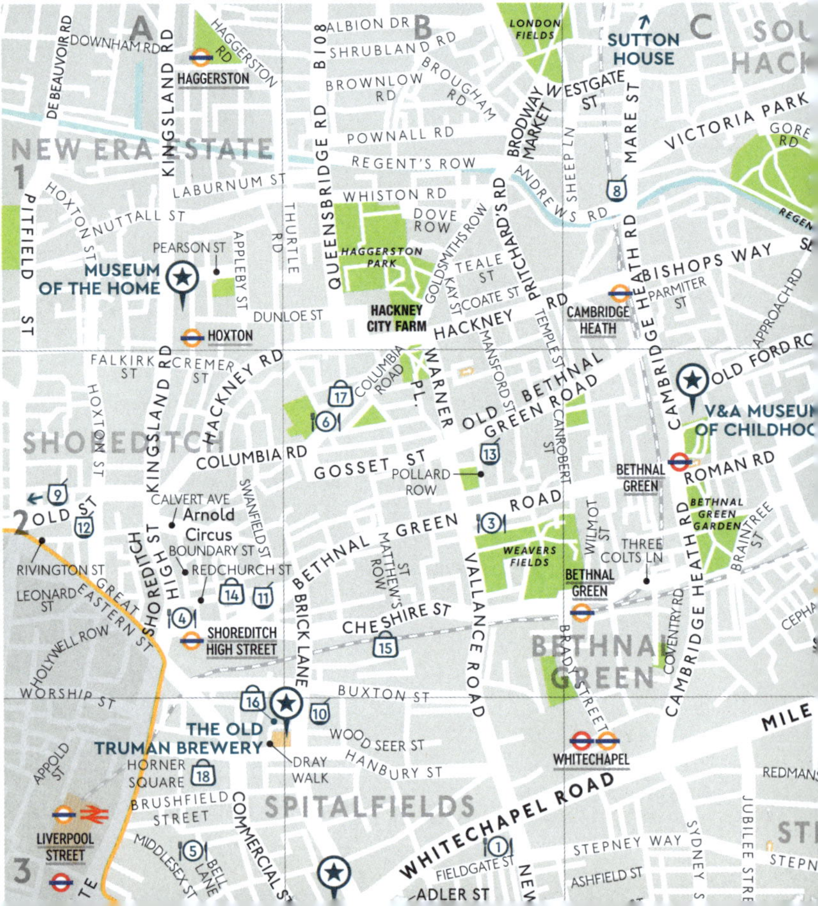

L'East End londonien, toujours plus en vue ! La créativité a envahi les vieux entrepôts industriels : boutiques tendance, friperies et bars noceurs fourmillent autour de l'Old Truman Brewery et le long de Brick Lane, alternant avec les restaurants indiens, au cœur du cosmopolite "Banglatown". À l'est frémissent Bethnal Green et Hackney, quartiers populaires prometteurs où habite la jeunesse bohème et artiste, tandis que Stratford s'enorgueillit de son vaste Queen Elizabeth Olympic Park. Au sud, portés par le succès de Canary Wharf, enclave aux buildings futuristes, s'étendent les anciens docks reconvertis.

E.Pellicci

Noodle & Be

RESTAURANTS

Tayyabs B3 ①
Pour savourer une délicieuse cuisine du Pendjab pakistanais, allez chez Tayyabs, une institution de Whitechapel ouverte depuis 1972 à deux pas de la Grande Mosquée. Ses côtes d'agneau grillées légendaires, marinées dans une sauce intense et cuites rapidement au gril, déplacent les foules. Les *bhajis*, *dahls*, currys et *tikkas* sont tout aussi délicieux, comme les naans géants tout chauds sortis du tandoor. Réservation conseillée. Plat 8,50-15£.
→ *83-89 Fieldgate St*
Tél. 020 7247 95 43
Tlj. 12h-23h30

Crate Brewery and Pizzeria hors plan E1 ②
Dans une friche industrielle au bord du canal, les délicieuses pizzas s'arrosent des bières brassées sur place. DJ les ven.-sam. soir : *so hype* ! Pizza 9-15£.
→ *The White Building, 7 Queens Yard Tél. 7547 695841*
Tlj. 12h-23h (1h ven.-sam.)

E. Pellicci B2 ③
Un *must* dans ce quartier ouvrier, tenu par une joviale famille italienne. Dans une petite salle aux tables en Formica, ornée d'un lambris Art nouveau : *full English breakfast*, pâtes, grillades. Tarifs (presque) imbattables ! Plat 9-15£.
→ *332 Bethnal Green Road*
Tél. 020 7739 4873
Lun.-sam. 8h-16h

Pizza East A2 ④
Béton, tuyaux apparents et parquet brut pour des antipasti et des pizzas à savourer autour de comptoirs en inox ou sur de longues tables à partager... Le succès est au rendez-vous ! Plat 12-23£.
→ *56 Shoreditch High St*
Tél. 020 7729 1888
Lun.-ven. 12h-23h (0h ven.), w.-e. 11h-0h (22h dim.)

Noodle & Beer A3 ⑤
Les pâtes chinoises (fines ou *udon*) sont confectionnées chaque matin, le bouillon des soupes, rehaussé de dix épices, mijote 8h pour plus de saveur, les assiettes sont déposées fumantes devant vous : le bonheur est à portée de baguettes ! Bonus : d'excellentes bières asiatiques à la carte. Plat 12-25£.
→ *31 Bell Lane*
Tél. 020 3827 9033
Tlj. 11h30-22h (22h30 ven.-sam.)

Brawn

Columbia Road Flower Market

Old Spitalfields Market

Brawn B2 (6)
On se croirait dans un bistrot de village : murs chaulés, mobilier usé et une carte de saison qui se soucie de l'origine des ingrédients. Plat 18-29£.
→ *49 Columbia Road*
Tél. 020 7729 5692
Lun. 18h-22h30, mar.-sam. 12h-22h30 (23h ven.-sam.)

The Gun
hors plan F4 (7)
Niché dans l'une des ruelles préservées de l'Isle of Dogs, ce vieux pub jouit d'un panorama surréel sur les docks. Cuisine du pays revisitée.
→ *27 Coldharbour*
Tél. 20 7519 0075 Lun.-sam. 11h30-0h, dim. 11h-22h

BARS, CENTRE CULTUREL, CLUBS

Viktor Wynd's Museum of Curiosities
C1 (8)
Un bar à cocktails décadent où siroter son breuvage au milieu d'animaux naturalisés. Au sous-sol, un cabinet de curiosités peuplé de crânes, de squelettes en cage et de poupées inquiétantes…
→ *11 Mare St Tél. 020 8533 5297*
Mer.-ven. 15h-23h, w.-e. 12h-23h (22h dim.)
www.thelasttuesdaysociety.org

Nightjar
hors plan A2 (9)
L'un des bars à cocktails les plus séduisants de la capitale. Dans l'atmosphère intime d'un speakeasy Art déco, on y sirote des cocktails hyper sophistiqués en écoutant du jazz, du blues, de la musique cubaine *live*. Côté assiette, on picore toutes les saveurs de l'Asie au fil des résidences de chef.
→ *129 City Rd*
Tél. 020 7253 41 01 Tlj. 18h-1h (2h jeu. ; 3h ven.-sam.)
Musique live tous les soirs à partir de 18h30
www.barnightjar.com
6£ dim.-jeu., 10£ ven.-sam. Sur rés.

93 Feet East B3 (10)
Un bar doté d'une superbe cour envahie par des trentenaires en tongs dès qu'il fait beau ! Entre les murs couverts de graffitis, rock décalé, musique du monde et DJ pointus.
→ *The Old Truman Brewery, 150 Brick Lane*
Tél. 020 7770 6243
Mar. 16h-23h, mer.-ven. 12h-23h (1h30 ven.), w.-e. 13h30-1h30 (22h30 dim.)
www.93feeteast.co.uk

Rich Mix A2 (11)
Dans une ancienne usine de confection, un centre culturel, véritable laboratoire de tendances : cinéma d'art et essai, théâtre, danse, expos, bars et concerts en tous genres…
→ *35-47 Bethnal Green Road*
Tél. 020 7613 7498 Lun.-ven. 9h-22h (et jusqu'à 1h, selon événement), w.-e. 10h-23h
www.richmix.org.uk

Old Street Records
A2 (12)
"Home of Live Music, Cocktails, Pizza and Good Time"… Tout est dit ! Déco rétro à souhait, quelques néons et une excellente programmation musicale au sous-sol : jazz, DJ, Motown, hip-hop. Ambiance survoltée le week-end.
→ *350-354 Old St*
Tél. 020 3006 5911
Lun.-jeu. 17h-1h (2h jeu.), ven.-sam. 16h (14h sam.)-2h
www.oldstreetrecords.com

The Bethnal Green Working Men's Club
B2 (13)
Créé en 1953 pour se défouler après le travail, ce club délirant n'a pas bougé depuis 1971 ! Serveuses en perruques choucroutées, pistolets à eau, shows et variétés kitsch, dans un décor ringard à souhait !
→ *42-44 Pollard Row*
Tél. 020 7739 7170

SHOPPING

Redchurch Street A2
Enseignes pointues et confidentielles.

Labour and Wait A2 (14)
Objets intemporels pour la maison et le jardin.
→ *85 Redchurch St*
Tél. 020 7729 6253
Tlj. 11h-18h

Cheshire Street B2 (15)
La rue des friperies, chics ou plus *casual*.

Son of a Stag A3 (16)
Marques de jeans introuvables (surtout japonaises) et large sélection de *streetwear* et *outwear* pour homme.
→ *9 Dray Walk*
Tél. 020 7247 3333
Lun.-sam. 10h30-19h (18h30 sam.), dim. 11h30-17h

Columbia Road Flower Market B2 (17)
Bordé par de jolis cafés et d'irrésistibles boutiques, un marché aux fleurs haut en couleur.
→ *Columbia Road Dim. 8h-15h*

Old Spitalfields Market A3 (18)
Objets anciens (jeu.) et pièces de créateurs (ven.-dim.) sous une vaste halle au lustre victorien. Boutiques et cafés permanents tout autour.
→ *16 Horner Sq.*
Ven.-mer. 10h-20h (18h sam. ; 17h dim.), jeu. 8h-18h

V&A Museum of Childhood

Victoria Park

Queen Elizabeth Olympic Park

Museum of London Docklands

Canary Wharf

…nes humides aux …èces végétales rares. …anquable, la tour-…pture métallique d'Anish …oor, l'ArcelorMittal Orbit : …per à 115 m de haut, …irer la vue… puis …scendre en 40 s …son toboggan géant !
…ontfichet Road …0800 0722 110 www. …enelizabetholympicpark. …k Tarif 12,50£ ***ArcelorMittal*** *…t 5 Thornton St Ven.-lun. …15h 11,50£ (descente en …ggan suppl. 5£)*

…Whitechapel …lery B3
…dée en 1901 pour …orter l'art au cœur …East End, cette galerie à la façade Arts & Crafts s'est imposée comme une institution dans la promotion de l'art moderne. Expositions de Nan Goldin ou de Sophie Calle et rétrospectives de Picasso, Pollock, Rothko…
→ *77-82 Whitechapel High St Tél. 020 7522 7888 Mar.-dim. 11h-18h (21h jeu.) www.whitechapelgallery.org*

★ Cable Street Mural C4
Inspiré du réalisme social de Diego Rivera, cet immense *mural* (1983) peint par Dave Binnington commémore l'émeute qui opposa en 1936 les chemises noires d'Oswald Mosley aux habitants du quartier. Ces derniers avaient dressé des barricades pour contrer une marche fasciste et défendre la communauté juive.
→ *236 Cable St*

★ Museum of London Docklands F4
Dans un entrepôt du XIXe s., toute l'histoire de Londres à travers ce qui a fait sa fortune : le négoce maritime et les activités portuaires. Vestiges romains et vikings, maquettes de navires, expositions sur l'esclavage et sur le commerce colonial, reconstitution de ruelles…
→ *N°1 Warehouse, West India Quay Tél. 020 7001 9844 Tlj. 10h-17h*

★ Canary Wharf F4
À la fin des années 1980, l'activité portuaire ayant décliné, les banques s'emparèrent de ce quartier en friche. Le prolongement de la Jubilee Line en 1993 en fit la nouvelle City et le fief de prestigieux *headquarters*, entre les bassins toujours en eau et ponctués d'écluses : dédale de rues au pied des gratte-ciel et galeries souterraines envahies par les cols blancs. À la sortie de la station de métro signée Norman Foster (1999) se dresse One Canada Square (1991), une tour de 235 m de César Pelli, gainée d'acier et éblouissante au soleil.

BALADES

Virée pop rock à Soho

2 h

1,5 km

Depuis l'explosion des Beatles et des Stones dans les années 1960 jusqu'à l'avènement de la *brit pop*, en passant par le punk, balade sur les traces des plus grandes stars !

Au n° 23 Heddon St David Bowie fut photographié pour la pochette de *The Rise and Fall of Ziggy Stardust*.

Carnaby St C'est dans ce bastion de la mode des sixties, que Mary Quant lança la minijupe et que Twiggy, les Stones

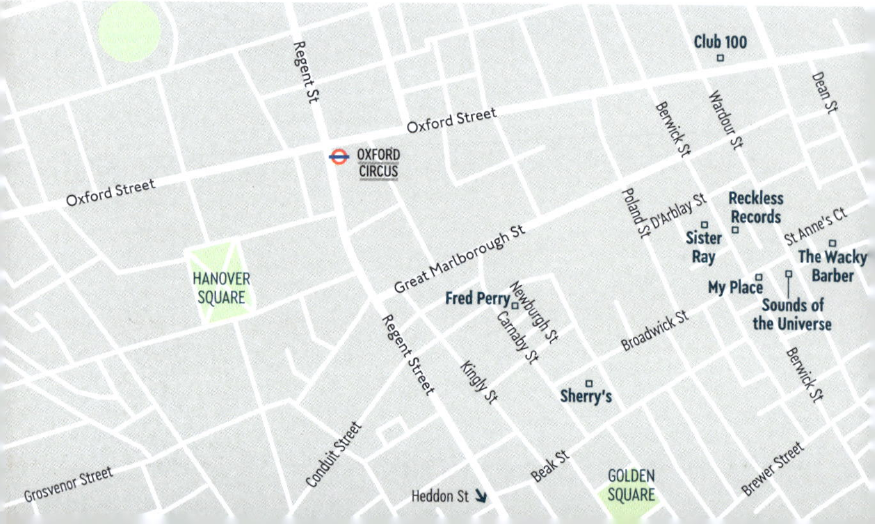

et Jimi Hendrix faisaient leur shopping. Toujours pour respirer l'air des sixties, on pousse la porte de **Fred Perry** *(12 Newburgh St Tél. 020 7734 4494)*, l'une des icônes *mods*, pour ses polos.

Sur Broadwick St, on déniche chez **Sherry's**, au n° 63, une belle tenue *mod* (*Tél. 020 7734 5868 Lun.-sam. 10h-18h30, dim. 11h-17h*), mais également des trésors chez **Sounds of the Universe** (**B** B3), disquaire du label Soul Jazz.

Berwick St C'est ici que fut prise la photo de l'album (*What's the Story*) *Morning Glory?* (1995) d'Oasis. La rue demeure le repaire des chasseurs de vinyles qui se fournissent chez **Sister Ray** (**B** B3) et **Reckless Records** (*au n° 30 Tél. 020 7437 4271 Tlj. 10h-19h*), le vétéran de la rue, et d'autres encore. Envie d'une pause ? Direction **My Place**, au n° 21 (*Tél. 020 3417 2829 Tlj. 8h-23h*), pour un copieux *English breakfast*, de savoureux *pancakes* ou une bière fraîche !

The Wacky Barber (*3,9-12 St Anne's Ct Tél. 020 7494 3101 Ven.-mer. 11h-19h, jeu. 11h-20h*) Le coiffeur rock par excellence où se faire rafraîchir les douilles !

Denmark St L'épicentre de la scène musicale des années 1960 : là se côtoyaient producteurs, studios, boutiques d'instruments de musique et clubs underground.

Au n° 9, le **Flat Iron** (*Lun.-sam. 12h-0h, dim. 12h-23h30 www.flatironsteak.co.uk*), ex-Giaconda Café : David Bowie et son meilleur ami Marc Bolan (le futur T. Rex) y avaient leurs habitudes !

Au n° 6, l'appartement où créchèrent les Sex Pistols et où ils enregistrèrent leurs premiers hits, dont *Anarchy in the UK*.

Au n° 4 Regent Sound Studios fut enregistré le premier album des Stones et des chansons des Who, des Yardbirds et de Donovan. Aujourd'hui, on peut toujours trouver une guitare rare dans l'un des nombreux magasins d'instruments de la rue.

Club 100 (*100 Oxford St www.the100club.co.uk*) Une salle de concert mythique qui depuis les années 1960 a vu défiler les plus grands du rock, des Clash à Oasis en passant par David Bowie, The Who, The Rolling Stones...

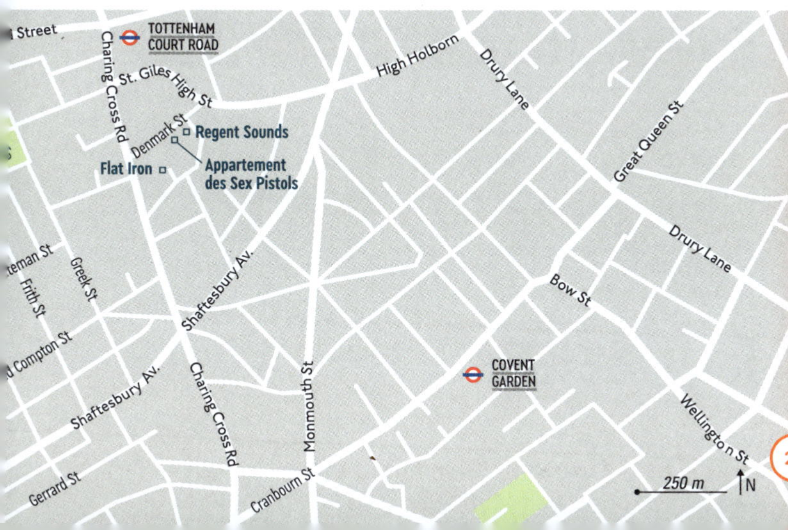

Street art : Banksy & Co.

2 h

3 km

Capitale mondiale du street art, Londres attire des artistes du monde entier, venus graffer, coller ou peindre à Brick Lane et Shoreditch, immense atelier à ciel ouvert !

Autour de Brick Lane

Brick Lane Une mine d'or pour tous les mordus d'art urbain : sculptures sauvages sur les toits, collages, fresques, panneaux... On explore aussi les rues perpendiculaires.

Stolenspace Gallery (*17 Osborn St Tél. 020 7247 2684 Mar.-dim. 11h-18h*) Cette galerie expose les plus grands du street art : Stik, Banksy, Eine, le Français C215...

On aime se perdre sur Fashion St, Hanbury St ou encore Buxton St avant d'arriver sur **Seven Stars Yard** (entre Heanage St et Fournier St) où les artistes rivalisent de créativité.

The Old Truman Brewery (*91 Brick Ln Tél. 020 7770 6000 Tlj. 24h/24*) L'ancienne brasserie accueille de multiples ateliers, bars et boutiques alternatives, dont le célèbre disquaire et label **Rough Trade**.

De Brick Lane à Old Street

Beigel Bake (*159 Brick Ln Tél. 020 7729 0616 Tlj. 24h/24*) On s'y presse jour et nuit pour un bagel au *salt beef* ou au *smoked salmon and cream cheese*.

Ebor St Des fresques graphiques et colorées attirent l'œil, dont les lettres géantes d'Eine, premier street artist à avoir été exposé à la Maison Blanche.

Boxpark Insolite rangée de containers accueillant boutiques indépendantes au rez-de-chaussée et stands de *street food* au premier étage.

New Inn Yard Cette rue étroite entre Shoreditch High St et Great Eastern St offre dans sa section ouest parmi les plus grandes fresques murales du quartier. À l'affiche, les *murals* surréalistes de l'une des stars du street art, Mr Cenz !

Village Underground (54 Holywell Ln Tél. 020 7422 7505) Temple du street art et salle de concert dont la façade arbore chaque mois une fresque différente. Sur le toit, d'anciens wagons de métro reconvertis en ateliers d'artistes.

Old Street On finit la balade en beauté chez **Shoreditch Grind** (*213 Old St Tél. 020 7490 7490 Lun.-jeu. 7h-23h, ven. 7h-1h, sam. 8h-1h, dim. 9h-19h*), spot phare des accros au café...

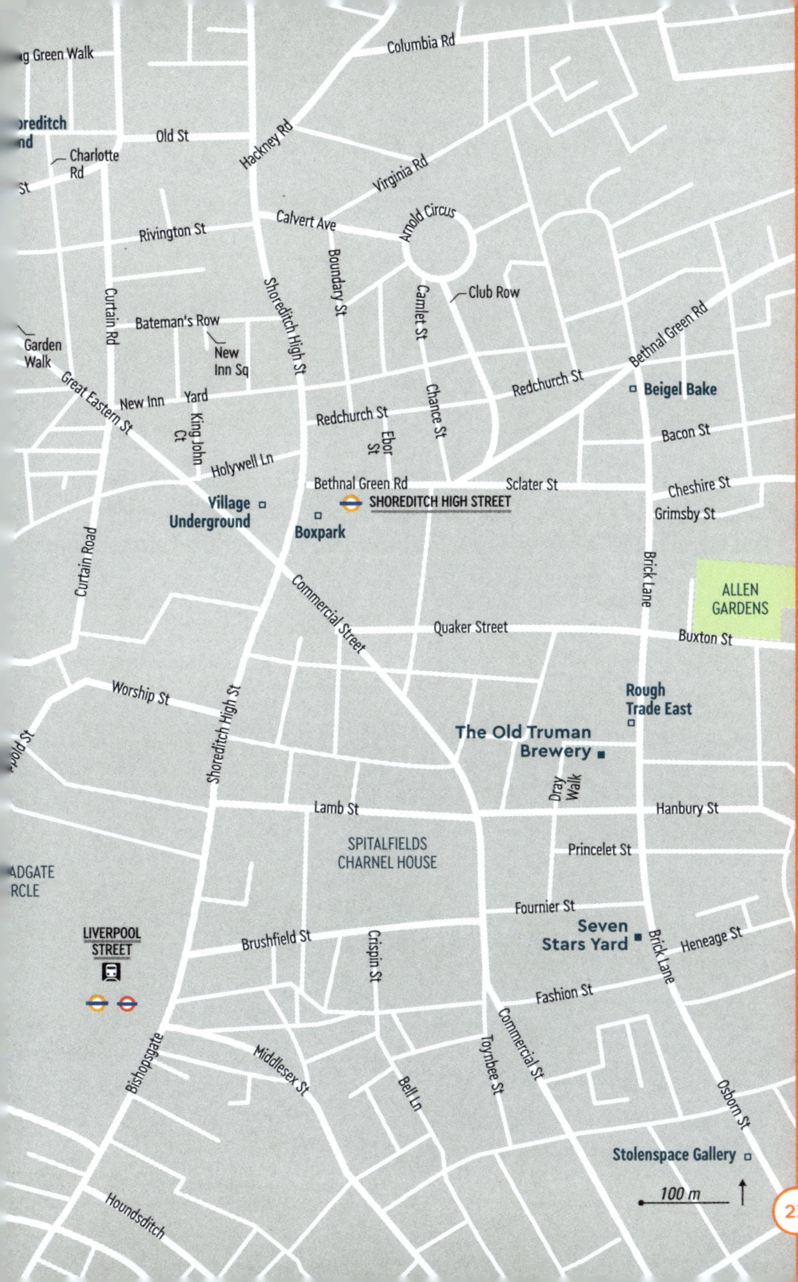
Green Walk
Columbia Rd
Old St
Charlotte Rd
Hackney Rd
Virginia Rd
Calvert Ave
Arnold Circus
Rivington St
Boundary St
Club Row
Camlet St
Curtain Rd
Shoreditch High St
Bateman's Row
New Inn Sq
Garden Walk
Great Eastern St
New Inn
Yard
King John Ct
Redchurch St
Chance St
Redchurch St
Bethnal Green Rd
Beigel Bake
Ebor St
Bacon St
Holywell Ln
Bethnal Green Rd
Sclater St
Cheshire St
Village Underground
SHOREDITCH HIGH STREET
Grimsby St
Boxpark
Curtain Road
Brick Lane
ALLEN GARDENS
Commercial Street
Quaker Street
Buxton St
Worship St
Shoreditch High St
Rough Trade East
The Old Truman Brewery
Dray Walk
Lamb St
Hanbury St
SPITALFIELDS CHARNEL HOUSE
Princelet St
Fournier St
LIVERPOOL STREET
Seven Stars Yard
Brushfield St
Crispin St
Brick Lane
Heneage St
Fashion St
Bishopsgate
Middlesex St
Commercial St
Toynbee St
Bell Ln
Osborn St
Stolenspace Gallery
100 m
Houndsditch

À vélo sur le Regent's Canal Towpath

1 h

6,5 km

Regent's Canal, longé d'un bucolique chemin de halage, traverse une partie du nord de Londres. Sur la portion entre Granary Square et Paddington Basin, la balade à vélo est très agréable...

De Granary Square à Regent's Park

Point de départ à **Granary Square**, entre les anciens *gasholders*, l'amphithéâtre au pied du canal et les boutiques de **Coal Drops Yard**, destination shopping branchée. Un petit café pour la route ? Terrasses et *food trucks* sont ici légion !

On longe les berges du canal en profitant du spectacle des anciens bâtiments industriels et des fresques de street art. On traverse le très touristique quartier de **Camden Town**, où il est conseillé de mettre pied à terre ! C'est l'occasion d'aller explorer les marchés vintage. Calme aristocratique aux abords de Regent's Park, où de sublimes villas se succèdent. On passe devant la volière du zoo (ZSL London). Les plus courageux peuvent s'éloigner du chemin pour escalader **Primrose Hill** et bénéficier d'une vue imprenable sur la ville (détour de 30 min env. via Prince Albert Road).

De Regent's Park à Paddington Basin

Vient ensuite **Lisson Grove Mooring**, un adorable village flottant aux jardinets poétiques. De l'autre côté de la passerelle, le chemin de halage s'interrompt : il faut alors longer Frampton St, Aberdeen Pl, puis regagner les rives du canal sur Blomfield Rd. Voici **Little Venice**, un grand bassin triangulaire où sont amarrées des péniches fleuries. On jette un œil à la pimpante barge du **Puppet Theatre** (*35 Blomfield Rd Tél. 020 7249 6876 www.puppetbarge.com*), insolite théâtre sur l'eau. Plus loin, une autre péniche abrite le **Waterside Café** (*Warwick Crescent Tél. 020 7266 4665 Tlj. 9h-17h, w.-e. 9h-18h*), où l'on s'installe à l'une des tables sur le quai.

Encore un kilomètre et on arrive au **Paddington Basin**. Ici, les tours de verre se mirent dans l'eau du bassin, où s'alignent des péniches-restaurants colorées. Sur Merchant Square, le **Rolling Bridge** se déplie et s'enroule telle la queue d'un scorpion ! Plus loin le **Fan Bridge**, lui, se déploie en éventail !

Et les vélos ?

Vous trouverez des vélos en libre-service (classiques ou électriques) au départ et à l'arrivée de cette balade.

geovelo
Scannez le QR code
et retrouvez l'itinéraire
sur l'appli Geovelo
Camden Town
Primrose Hill
CAMDEN TOWN
Santander Cycles: Handyside Street, King's Cross
Coal Drops Yard
Granary Square
KING'S CROSS
ST. PANCRAS
Prince Albert Rd
ZSL London Zoo
Regent's Park
Lisson Grove Mooring
MARYLEBONE
Marylebone Rd
Little Venice
Rolling Bridge
Paddington Basin
Fan Bridge
Santander Cycles: South Wharf Road, Paddington
PADDINGTON
Oxford Street
HYDE PARK
GREEN PARK
500 m
N

ENVIRONS

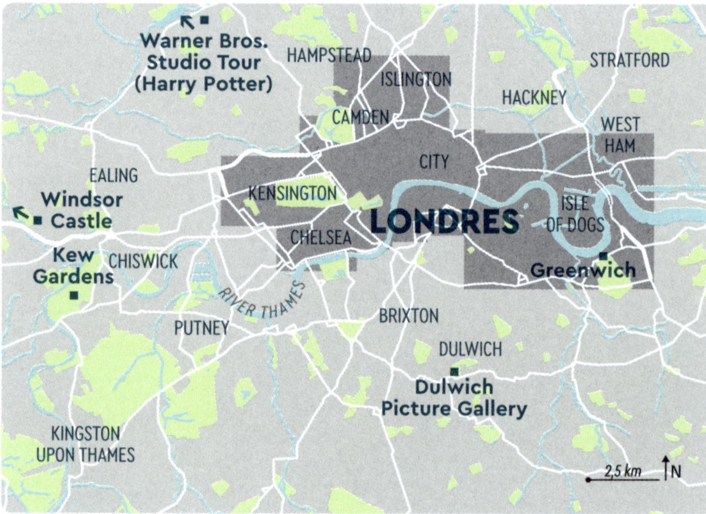

Greenwich .... 35 min

On pourrait passer la journée dans ce charmant quartier vert posé sur la rive sud de la Tamise. À voir, sur la colline, le vaste parc jalonné de musées (dont le National Maritime Museum et la Queen's House) et traversé par le célèbre méridien matérialisé au sol au Royal Observatory. Sur les quais, en cale sèche, le *Cutty Sark* est l'un des derniers clippers de la route du thé. On peut aussi découvrir le village de Greenwich, déjeuner sur le pouce au marché couvert, puis emprunter à pied le Greenwich Foot Tunnel pour traverser la Tamise jusqu'à Isle of Dogs !

→ Greenwich M° Cutty Sark ou Greenwich (DLR) Musées et sites touristiques Tlj. 10h-17h www.visitgreenwich.org.uk

Dulwich Picture Gallery .... 45 min

À la fin du XVIIIe s. Stanislas Auguste, roi de Pologne, demande à deux marchands d'art d'assembler une collection royale. Cinq ans plus tard, le roi ayant abdiqué, les deux hommes se retrouvent à la tête d'une inestimable collection ! Léguée au Dulwich College, à condition d'être montrée au public, celle-ci est exposée en 1811 dans la première galerie publique du pays construite à cet effet. Les plans de John Soane, expert en lumière naturelle, mettent en valeur une sublime collection de toiles de maîtres européens à partir du XVIIe s. : Véronèse, Poussin, Rembrandt...

→ Gallery Rd Dulwich Village Train au départ de Victoria Station, West Dulwich Tél. 020 8693 5254

Old Royal Naval College, Greenwich

Mar.-dim. 10h-17h (dern. entrée 16h30) www.dulwichpicturegallery.org.uk Tarif 16,50£

Warner Bros. Studio Tour (Harry Potter) .... 45 min

C'est dans ces décors qu'ont été réalisés les huit films de Harry Potter, entre 2001 et 2011. On y découvre l'école de Poudlard, sa grande salle de réception et le bureau de Dumbledore, le chemin de traverse, la cabane d'Hagrid, la forêt interdite, Gringotts, le bureau de Dolores Ombrage et de nombreux secrets de tournage !

→ Studios Leavesden, Watford En train de Euston Station jusqu'à Watford, puis navette directe Tél. 800 640 4550 Visites guidées tlj. 9h-18h30 (rés. obligatoire ; horaires variables selon saison) Durée 3h30 www.wbstudiotour.co.uk Tarif env. 50£

Kew Gardens .... 45 min

Le prince Frédéric de Galles (1707-1751) jeta les fondations de ce parc botanique royal de 121 ha qui comprend un arboretum, un jardin rocheux, des serres abritant plus de 30 000 variétés de tous les climats et, parmi les curiosités, une pagode chinoise (1762) ainsi que l'adorable Kew Palace (1631) de style hollandais. On pénètre dans l'emblématique Palm House (1863), mais aussi dans Minka House, une ferme japonaise construite vers 1900 dans la région de Nagoya et remontée là en 2001, ou encore dans une serre réservée aux plantes de montagne (Davies Alpine House). À ne pas manquer, les illuminations de Kew Gardens de novembre à janvier.

→ Kew Rd M° Kew Gardens Tél. 020 8332 5655 Jardin Avr.-sep. : tlj. 10h-19h ; oct. : tlj. 10h-18h ; nov.-mars : tlj. 10h-16h Palais Avr.-sep. : tlj. 10h-17h30 www.kew.org Tarif 19,50£

Windsor Castle .... 1 h

Le plus ancien château royal (1070), où la reine passe parfois le week-end, recèle un millier de pièces ! Ses salles éblouissantes, tapissées des toiles de Holbein ou de Canaletto, sont un enchantement. On peut admirer les plafonds des appartements d'État, peints par Verrio et ornés de sculptures de Gibbons, et un jouet inouï : la maison de poupées de la reine Mary (1924). La chapelle médiévale St George, lieu du mariage du prince Harry et de Meghan Markle, est à couper le souffle !

→ Windsor, Berkshire Train au départ de Waterloo Station, Windsor & Eton Riverside Station Tél. 020 7766 7304 Mars-oct. : tlj. 10h-17h15 ; nov.-fév. : tlj. 10h-16h15 (dern. entrée 1h15 avant) www.royal collection.org.uk Tarif 26,50£ dim.-ven., 28,50£ sam.

Jardin japonais, Kew Gardens

CARNET PRATIQUE

FORMALITÉS

Depuis le 1er octobre 2021, seul un passeport valide pour toute la durée de votre séjour est accepté pour entrer au Royaume-Uni. La carte nationale d'identité n'est plus un document valide. Pour un séjour supérieur à 3 mois, l'obtention d'un visa est nécessaire.

JOURS FÉRIÉS

- 1er jan.
- Ven. saint
- Lun. de Pâques
- 1er lun. de mai (Early May Bank Holiday)
- Dernier lun. de mai (Spring Bank Holiday) et d'août (Summer Bank Holiday)
- 25 déc.
- 26 déc (Boxing Day)

BUDGET

Londres est l'une des villes les plus chères d'Europe !

Logement
Chambre double en centre-ville (avec sdb) : 90-120£

Restaurants
Fish & chips : 7-13£. Plat au restaurant : 12-20£

Sortir
Pinte : 5£.
Cocktail : 8-12£.
Concert, club : 6-20£

Visites
Collections permanentes de musées nationaux : gratuites.
Autres musées et expositions : 15-20£
Attractions, monuments : 15-30£

ARGENT

CHANGE
1£ = env. 1,10€

CARTE DE CRÉDIT
Acceptée quasiment partout (attention à certains B&B !). Frais sur les retraits et paiements.

POURBOIRE
Restaurants : souvent inclus dans la note, sinon ajouter 10 à 15%.
Taxis : arrondir la somme.

TÉLÉPHONE

France-Londres
⟶ Fixe 00 44 20 + n° à 8 chiffres
⟶ Portable 00 44 + 7 + n° à 9 chiffres

Londres-France
⟶ 00 + 33 + n° à 9 chiffres (sans le 0)

Londres-Londres
⟶ Fixe 020 + n° à 8 chiffres
⟶ Portable 07 + n° à 9 chiffres

Numéros spéciaux
⟶ 0870, 0871, 0845... (joignables directement avec le 00 44)

Urgences
⟶ 999 et 112

MÉTÉO

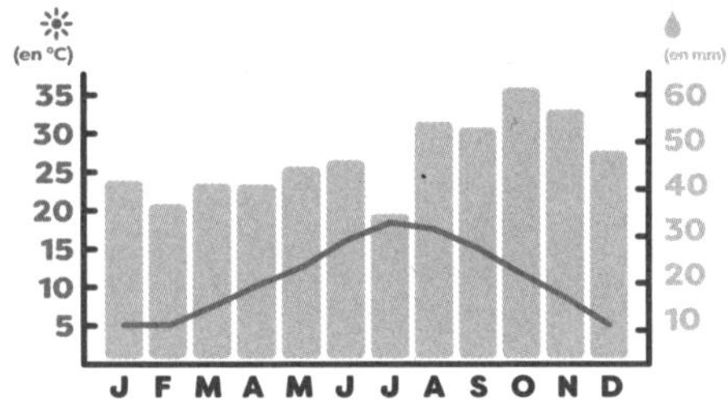

VISITES

RÉSERVATIONS ET RÉDUCTIONS

Réservation indispensable pour les expositions temporaires, conseillée pour les musées payants.

Attractions à réserver

Buckingham Palace (visites juil.-sep.), les studios Harry Potter (plus de 2 mois), le *rooftop* Sky Garden (3 sem.), The View from the Shard (2 sem.), et quelques jours à l'avance pour le London Eye, Tower of London, Tower Bridge, Westminster Abbey et Saint Paul's Cathedral.

Réductions

Pour les étudiants et les seniors, peu de réductions sur les billets d'expositions des musées. Accès gratuit aux expositions pour les moins de 12 ans (parfois moins de 16 ans) accompagnés d'un adulte payant.

London Pass

Le London Pass est un passe payant, à télécharger sur votre smartphone, donnant accès à plus de 80 sites touristiques. Une option plus ou moins rentable selon la durée choisie.

→ 1 jour : 79£ / 50£ rentable à partir de 4 attractions par jour ; 2 jours 103£ / 67£ rentable à partir de 3 attractions par jour ; 3 jours 123£ / 79£ rentable à partir 2 attractions par jour. Rens. et achat sur www.londonpass.com

INFOS

Piccadilly Circus Visitor Centre (B B4)

→ Piccadilly Circus Underground Station
Jeu.-sam. 9h30-16h45
Fermé 24-26 et 31 déc., 1er jan.
www.visitlondon.com

Points info

King's Cross St Pancras (**D** E3), Victoria (**A** A4), City of London (**C** B5), Liverpool St (**C** D5)

ÉLECTRICITÉ

Se munir d'un adaptateur type G.

MESURES

Distances

1 *inch* = 2,54 cm
1 *foot* = 30,48 cm
1 *mile* = 1,609 km

Poids et volume

1 *pound* = 453 g
1 *pint* = 0,57 l

Tailles

F : 10 = 38 ; 12 = 40 ; 14 = 42 ; etc.
H : 36 = 46 ; 38 = 48 ; 40 = 50 ; etc.

Chaussures

4 = 37 ; 5 = 38 ; 6 = 39 ; 7 = 40 ; 8 = 41, etc.

HORAIRES

DÉCALAGE HORAIRE

-1 h par rapport à la France.

JOURS FÉRIÉS ET FERMETURES

Pas de service (25 déc.) ou service réduit dans les transports les jours fériés. Le 1er jan. et les 25 et 26 déc., musées et attractions sont clos (pubs et restaurants sont ouverts).
Le w.-e., certaines lignes de métro sont fermées pour travaux.

RESTAURANTS

Déjeuner 12h30–15h, dîner 19h-22h.

BOUTIQUES

En général, lun.-sam. 9h-18h (22h grands magasins), dim. 12h-18h.

MUSÉES

En général, tlj. 10h-18h. Dernières entrées env. 1h avant la fermeture. Musées fermés le 1er jan. et les 25 et 26 déc., horaires réduits les autres jours fériés.

SORTIES

Pubs et bars : Tlj. 11h-23h (22h dim.)
Clubs : fermeture à 3h en semaine, 6h le w.-e.

LONDRES EN LIGNE

→ www.visitlondon.com
→ www.visitbritain.com
→ www.timeout.com/london
→ www.list.co.uk

ARRIVER

EN AVION

Le centre de Londres est facile et rapide d'accès depuis les quatre principaux aéroports de Londres.

Depuis Heathrow Airport
→ www.heathrow.com
• En métro I 50 min I 6£
Piccadilly Line jusqu'à Piccadilly Circus.
→ Lun.-sam. 5h30-0h30, w.-e. 7h-23h30h. Moins cher avec Oyster Card.
• En Heathrow Express I 15 min I 25-32 £
Train jusqu'à Paddington Station.
→ www.heathrowexpress.com Tlj. 5h-20h
• En bus I 35-90 min I 5,50£
Plusieurs compagnies de bus jusqu'à Victoria Station.
→ Tlj. 4h30-22h, ttes les 30min/1h.
• En bus de nuit N9 I 1h15 I 1,65£
→ Tlj. 22h-4h30, ttes les 20 min.
• En taxi I 1 h I 45-70£

Depuis Gatwick Airport
→ www.gatwickairport.com
• En train I 35 min I 12,50-25£
Southern Trains jusqu'à London Bridge ou Victoria Station.
→ www.southernrailway.com Tlj. 4h30-2h30.
• En Gatwick Express I 30 min I 20£
Train express jusqu'à Victoria Station.
→ www.gatwickexpress.com Tlj. 5h30-0h20.
• En bus I 1h20-2 h I à partir de 8-10£
National Bus Express jusqu'à Victoria Station.
→ Tlj. non-stop. Ttes les 30 min/1h.
• En taxi I 1 h I à partir de 60£

Depuis Stansted Airport
→ www.stanstedairport.com
• En Stansted Express I 45 min I 26£
Train express jusqu'à Liverpool Street Station.
→ www.stanstedexpress.com Tlj. 5h30-0h30.
• En bus I 1h10 I 10£
Bus National Express jusqu'à Victoria Station.
→ www.nationalexpress.com Tlj. 7h50-3h40, ttes les 30 min/1h.
• En taxi I 1h20 I à partir de 70£

Depuis Luton Airport
→ www.london-luton.co.uk
• En train I 40 min I 21,50£
Trains de Luton Airport Parkway à St Pancras.
→ www.thetrainline.com Tlj. 24h/24
• En bus I 1h30 I à partir de 10£
National Bus Express jusqu'à Victoria Station.
→ www.nationalexpress.com Tlj. 24h/24, ttes les 30 min/1h.
• En taxi I 1h20 I à partir de 70£

EN TRAIN

Eurostar
→ www.eurostar.com
Le moyen le plus pratique pour se rendre à Londres depuis Paris, Lyon, Bruxelles, Lille et Calais. Arrivée en gare de St Pancras International.

EN BUS

Flixbus, Blablacar
→ www.flixbus.fr, www.blablacar.fr/bus
Le moyen le plus économique pour gagner Londres (Victoria Station). Départ de plusieurs villes de France.

SE DÉPLACER

INFORMATIONS

Métros, trains, bus, trams, taxis, vélos, bateaux, un seul site :
→ www.tfl.gov.uk

TITRES DE TRANSPORT

Zones

Le réseau des transports publics comprend 9 zones tarifaires. La plupart des musées et attractions de Londres se situent dans les zones 1 et 2.

Oyster Card

Cette carte rechargeable est le sésame pour voyager moins cher dans tous les transports publics. Une fois créditée (à un guichet ou à un distributeur), elle est débitée à chaque voyage selon le trajet effectué (*pay as you go*). Le coût est plafonné à 7,70£ par jour en zones 1 et 2, quel que soit le nombre de trajets effectués. La carte doit toujours être validée à l'entrée et à la sortie (seulement à la montée dans les bus) sinon elle sera débitée d'un montant forfaitaire supérieur au coût réel du trajet réalisé. Tout crédit non utilisé est remboursable aux distributeurs ou auprès d'un *Visitor Centre*.

⟶ Achat : sur place dans les stations de métro équipées de guichets et dans les Oyster Ticket Shops (newsagents) ou en ligne sur www.visitbritainshop.com (à commander 15 jours avant votre voyage pour un envoi à domicile).

Carte bancaire

Une carte de paiement sans contact permet de voyager dans les mêmes conditions tarifaires que l'Oyster Card (à condition toutefois que son utilisation à l'étranger ne génère aucun frais). Le paiement mobile par Smartphone est également possible sur tout le réseau.

Tickets

Un ticket classique (papier) pour effectuer un trajet en métro coûte deux fois plus cher qu'un trajet payé avec une Oyster Card ou une carte bancaire sans contact (6,30£ contre 3,20£ pour un voyage en zones 1-2).

Gratuité

Les enfants voyagent gratuitement en métro (moins de 11 ans) et en bus (moins de 15 ans) à condition d'être accompagnés par un adulte payant. Réduction de 50% pour les enfants de 11-15 ans voyageant en métro. Plein tarif à partir de 16 ans.

MÉTRO (*TUBE*) ET TRAINS

Le réseau compte 11 lignes de métro identifiées par un nom et une couleur. Dans les stations, les quais sont indiqués selon la direction des trains : *Eastbound* (est), *Westbound* (ouest), *Southbound* (sud) *Northbound* (nord). Les lignes fonctionnent de 5h30 à 0h30 (23h30 dim.). Les lignes Victoria, Jubilee, Central, Northern et Piccadilly circulent 24h/24 du vendredi au dimanche. Le week-end, les fermetures de lignes pour travaux sont fréquentes. Pas de service le 25 décembre.

DLR (Docklands Light Railway)

Ligne aérienne qui dessert l'est et le sud londonien, de la City à Greenwich.

BUS

Le mode le plus économique sinon le plus rapide pour découvrir la ville. Pour un trajet rétro, emprunter les vieux bus des années 1960 circulant encore le week-end sur les lignes 9 et 15.

⟶ Pas d'achat de ticket à bord

Bus de nuit

Env. 100 lignes identifiées par la lettre N. Beaucoup passent par Trafalgar Square. Les chauffeurs ne marquent pas tous les arrêts, indiquer où l'on veut descendre.

⟶ Tlj. 23h-5h, parfois 6h. Ttes les 20-30 min ven. et sam. Mêmes tarifs.

BATEAUX

Utile comme moyen de transport ou de découverte de la ville, plusieurs compagnies offrant des tours sur la Tamise. Se procurer le guide des London River Services dans le métro.

Thames Clippers
Service de bateaux-bus géré par Uber et Thames Clippers traversant Londres d'ouest en est. Idéal pour rejoindre Greenwich depuis l'un des embarcadères du centre (Westminster, Embankment, Bankside) en 40-50 min ou pour relier la Tate Modern (London Bridge City) et la Tate Britain (Millbank) en 25 min.
→ **www.thamesclippers.com**
Semaine 6h30-0h, w.-e. 8h30-0h.
Ttes les 20-30 min.
Billets moins chers en ligne, via l'appli Uber ou avec l'Oyster Card, que sur place

TAXIS

Black cabs
Londres ne compte pas moins de 21 000 des célèbres *black cabs* ! Si le voyant sur le toit est orange, le taxi est libre. Le héler dans la rue ou monter dans un taxi à une station (gare, aéroport). Indiquer sa destination avant de monter. Accessible jusqu'à 5 personnes et adapté aux personnes à mobilité réduite.
→ **Tarif 6,40-10£ le mile.**
Course minimum : 3,80£.
Pas de frais de prise en charge ou de bagage.
Paiement par carte bancaire ou espèces.

VÉLOS EN LIBRE-SERVICE

Santander Cycles, Uber bikes, Lime
Tous les réseaux de vélos en libre-service ont adopté le même fonctionnement : télécharger l'application, enregistrer un moyen de paiement, vérifier la disponibilité d'un vélo selon la localisation, libérer le vélo en scannant le QR Code, puis verrouiller le vélo à la station ou à l'aide du câble antivol à la fin du trajet. Uber Bikes et Lime proposent également des trottinettes et des scooters électriques en libre-service.
→ **Tarif accès 1-2£/24h, gratuit 10-30 min puis tarification au temps.**

SUR PLACE

SE RESTAURER

Restaurants, pubs et gastropubs
Restaurants : offre pléthorique à Londres ! Cuisine locale et gastronomie du monde entier, il y en a pour tous les goûts !
Fish & chips : fast food ou restaurant spécialisé dans le poisson frit accompagné de frites.
Pubs : petits plats roboratifs et abordables (*pie & mash*).
Gastropubs : cuisine de pub inventive et copieuse (*Sunday roast*).

Greasy spoons
Aussi appelés "*caff*", ces établissements bon marché proposent de classiques *English breakfasts* et des plats réconfortants dans un décor rétro sans prétention.

Street food
Nombreux marchés où goûter des spécialités des 5 continents : Borough Market (**I** C2), Brick Lane Market (**J** B2-3), Exmouth Market (**C** A4), Camden Market (**D** C2).

Afternoon tea
Le "thé de l'après-midi", accompagné d'une collation plus ou moins gourmande (scones, biscuits, petits sandwichs et pâtisseries...), est une tradition bien vivante à déguster au café chic des grands magasins et des hôtels de luxe. Parmi les bonnes adresses : Sketch (**B** A4), Fortnum & Mason (**A** B1), The Wolseley (**A** A1), Harrods (**G** D1), The Berkeley (**G** E1).

Pre-theatre menus
Menus à prix doux en début de soirée (18h-20h).

Cafés
Les cafés sont légion à Londres ! Et on peut aussi très bien y déjeuner de tartes salées, soupes, club-sandwichs. Branché ou traditionnel, végétarien ou saignant, on y trouve toujours son bonheur !

Chaînes
De nombreuses chaînes proposent une restauration de qualité. Goûtez les burgers juteux de Honest Burgers (www.honestburgers.co.uk), les pizzas de Franco Manca (www.francomanca.co.uk), la cuisine asiatique sous influence nippone de Wagamama, la cuisine mexicaine de Wahaca (www.wahaca.co.uk)...

SORTIES

Londres la nuit
Palmarès impressionnant de concerts et de soirées, avec une tradition rock bien ancrée ! Vie nocturne intense dans Soho (**B**), Camden (**D**), Notting Hill (**F**) et l'East End (**J**). Certains bars se convertissent la nuit en salle de concert. Entrée souvent payante et sélection parfois rigoureuse.

Programmes et billetteries
Spectacles, sports, etc.
⟶ www.ticketmaster.co.uk

TKTS
20–50% sur les spectacles du jour.
⟶ Leicester Sq. Lun.-sam. 10h-19h, dim. 11h-16h30

SHOPPING

Un must à Londres ! Soldes d'hiver à partir du 26 déc., et d'été fin juin-déb. juil.

Épiceries fines
Boutiques à l'ancienne et rayons chez Fortnum & Mason (A B1), Harrods (**G** D1) et Selfridges (**E** C4).

Marchés
Mode vintage et brocante
Old Spitalfields Market (**J** A3), Portobello Road Market (**F** C2), Brick Lane Market (**J** B2) (dim. 10h-17h), Petticoat Lane Market sur Middlesex St (**J** A3) (dim. 9h-14h, lun.-sam. 8h-16h30).

Mode
Streetwear, mode chic ou tendance, c'est selon les quartiers.
Grands magasins sur Oxford et Regent St (**B**), *streetwear* dans Soho (**B**), mode chic autour de Brompton Rd et sur King's Rd (**G**), gothique à Camden (**D**) et avant-garde à Shoreditch (**J**), Dover St (**A**), Columbia Rd et Brick Lane (**J**).

Disquaires
Nombreux à Soho (**B**), Camden (**D**) et Notting Hill (**F**). Musiques éclectiques, vinyles et CD d'occasion.

SPORT

Pas moins de six clubs de Premier League à Londres (Chelsea, Arsenal, Tottenham Hotspur, West Ham...) ! Mais il faut bien souvent être membre du club pour avoir la chance d'obtenir un billet pour un match... Achat direct sur le site Internet des clubs.
Wembley Stadium
Matchs de l'équipe nationale de football et finale de la FA Cup.
⟶ www.wembleystadium.com
Twickenham Stadium
Le temple du rugby.
⟶ www.twickenhamstadium.com

HÉBERGEMENT

The Corner
Des chambres aux lits douillets, un bar+kitchen, un lounge chaleureux : voilà un hôtel plein de peps et de couleurs pop, au design signé Marc Mostert. Concerts le soir. Prêt de vélos. À partir de 70£.
⟶ 42 Adler St
Tél. 020 3021 1440
www.thecornerlondoncity.co.uk

The Luxury Inn
Entre Islington et Dalston, un ancien atelier de confection transformé en un petit hôtel contemporain. Agréable salon doté d'une cuisine à partager et d'une grande table en bois conviviale. 75-110£.
⟶ 156 Tottenham Road
Tél. 020 7683 3056 www.theluxuryinn.com

Harlingford
Dans une maison georgienne relookée, 43 chambres au mobilier en bois, pour un prix raisonnable. Lumineuse salle de petit déj. À partir de 100£.
⟶ 61-63 Cartwright Gardens
Tél. 020 7387 1551 www.harlingfordhotel.com

Garden Court Hotel
À proximité de Kensington Gardens, un hôtel familial doté de belles chambres et d'un délicieux jardin où prendre le thé aux beaux jours. 100-160£.
⟶ 30-31 Kensington Gardens Sq
Tél. 020 7229 2553
www.gardencourthotel.co.uk

La Gaffe
Au cœur du "village" de Hampstead, un B & B très confortable tenu de longue date par une famille italienne. Patio, terrasse et salle de bains dans toutes les chambres. 115-135£.
⟶ 107-111 Heath St
Tél. 020 7435 8965
www.lagaffe.co.uk

Luna & Simone Hotel
Un hôtel familial plein de fraîcheur. Personnel dynamique et 36 chambres spacieuses aux tons pastel. À partir de 120£.
⟶ 47-49 Belgrave Road
Tél. 020 7834 5897
www.lunasimonehotel.com

The Mad Hatter
Trente chambres douillettes, décorées de gravures champêtres, au-dessus d'un pub. Celles sur la rue sont assez bruyantes. Ascenseur. 140-250£.
⟶ 3-7 Stamford St
Tél. 020 7401 9222
www.madhatterhotel.co.uk

Arosfa Hotel
16 chambres cosy et modernes dans une ancienne maison georgienne près du British Museum. Agréable jardin et espace bar. 159-170£.
⟶ 83 Gower St
Tél. 020 7636 2115
www.arosfalondon.com

Hoxton
À Shoreditch, un hôtel à l'image du quartier, décontracté et branché. 210 chambres claires et contemporaines, un restaurant-cocktail bar ouvert jusqu'à 2h. Tarif très avantageux pour les réservations anticipées. Autre adresse : *199-206 High Holborn* (**B** D3). 200 (plus d'un mois à l'avance)-500£.
⟶ 81 Great Eastern St
Tél. 020 7550 1000
www.thehoxton.com

Boundary London
Dans l'East End qui bouge, un *boutique hotel* signé Terence Conran dédié à l'architecture moderne : ici les chambres portent le nom de Le Corbusier, Mies Van der Rohe ou Bauhaus ! Au rdc, une épicerie fine, et, sur le toit, une terrasse ouvrant à 360° sur le Londres. 200-320£.
⟶ 2-4 Boundary St (entrée sur Redchurch St)
Tél. 020 7729 1051
www.boundary.london

Georgian House Hotel
Installé dans trois demeures du XIXe s., à 3 min de Victoria Station, ce coquet B & B propose des petits nids élégants, et deux chambres de magicien (Wizard) : esprit gothique, lits à baldaquin, lumières tamisées... 200-340£ (Wizard 259£).
⟶ 35-39 St George's Drive
Tél. 020 7834 1438
www.georgianhousehotel.co.uk

LEXIQUE

EXPRESSIONS UTILES

Bonjour : good morning (matin), good afternoon (après-midi)
Salut : hi, hello
Au revoir : good bye
S'il vous plaît : please
Merci : thank you
Je vous en prie : you're welcome, it's a pleasure
Excusez-moi : excuse me, sorry
Je suis français : I am French
Je ne parle pas l'anglais : I don't speak English
Je ne comprends pas : I don't understand
Combien coûte... ? How much does... cost ?
Y a-t-il... ? Is there... ?
Où est... ? Where is... ?
Je cherche... I am looking for...
Je voudrais... I would like...

TEMPS ET CHIFFRES

Aujourd'hui : today
Hier : yesterday
Demain : tomorrow
Matin : morning
Après-midi : afternoon
Soir : evening
Quelle heure est-il ? What time is it ?
Lundi : Monday
Mardi : Tuesday
Mercredi : Wednesday
Jeudi : Thursday
Vendredi : Friday
Samedi : Saturday
Dimanche : Sunday
Un : one
Deux : two
Trois : three
Quatre : four
Cinq : five
Six : six
Sept : seven
Huit : eight
Neuf : nine
Dix : ten
Onze : eleven
Douze : twelve
Treize : thirteen
Quatorze : fourteen
Quinze : fifteen
Seize : sixteen
Dix-sept : seventeen
Dix-huit : eighteen
Dix-neuf : nineteen
Vingt : twenty
Cent : one hundred
Mille : one thousand

TRANSPORTS ET REPÈRES

Aéroport : airport
Vol : flight
Métro : underground, tube
Arrêt de bus : bus stop
Station de taxis : taxi rank
Gare : train station
Gare routière : coach station
Aller : one-way ticket
Aller-retour : return ticket
Office de tourisme : tourist office
Plan, carte : map

SIGNALÉTIQUE

Ouvert : open
Fermé : closed
Entrée : entrance, way in
Sortie : exit, way out
Ascenseur : lift
Escalier : stairs
Rdc : ground floor
Toilettes : toilet
Hommes : gents, men
Femmes : ladies
Interdit : no entry

RESTAURATION

Avez-vous une table pour deux ? Do you have a table for two ?
Pouvez-vous me donner l'addition ? Could you give me the bill, please ?
Sur place : eat-in
À emporter : take-away

HÉBERGEMENT

Chambre simple / double : single / double room
Complet : full
Douche / baignoire : shower, bath
Drap : sheet
Oreiller : pillow
Couverture : blanket
Petit déjeuner inclus : breakfast included
Réservation : booking

ARGENT ET COURRIER

Argent : money
Gratuit : free
Tarif réduit : concession
Distributeur : cash machine, ATM
Carte bancaire : bank card
Prix : price
Billet de banque : note
Monnaie : change
Pièce de monnaie : coin
Timbre : stamp
Boîte aux lettres : letterbox
Carte postale : postcard
Pièce d'identité : identification document

INDEX

Les noms de rues, de monuments et de lieux de visite, classés par ordre alphabétique, sont suivis d'un carroyage, dont la lettre en gras A, B, C... indique le quartier et la carte correspondante. renvoie aux "Incontournables" (p. 4).

RUES

MONUMENTS ET LIEUX DE VISITE

Guides CARTOVILLE Gallimard
5, rue Gaston-Gallimard
75007 Paris
cartoville@gallimard-loisirs.fr
guides-gallimard.fr

Auteurs
Anne-Sophie Glavet, Séverine Bascot, Hélène Le Tac, Anne-Lucie Grange, Estelle-Renard-Carraud
À Londres
Coralie Grassin, Bertrand Lauzanne, Sophie Beccetti, Clémence Jacquinet

Direction éditoriale
Hélène Firquet
Édition
Vincent Grandferry
Suivi éditorial
Bertrand Lauzanne
Responsable artistique
Flora Monnin
Fabrication
Christine Lopes, Julien Recurt
Relations presse
Sophie Gallet
Responsable coéditions et partenariat
Mathilde Barrois
Partenariat / régie pub
manon.aveline@gallimard-loisirs.fr

Cartographie
EdiCarto
©Gallimard Loisirs
Plan de métro ©Tfl
Mise à jour
Grégoire Meyer
Lecture-correction
Fabienne Texier

Photographies
Séverine Bascot.
Anne-Sophie Glavet pour : **A** Regency Café **A ★** Tate Britain **B** Bao, Grenson **B ★** Royal Opera House, Photographers' Gallery **C** Toutes **C ★** 20 Fenchurch Street **D** The Queen's **D ★** Camden Town **F** Electric Diner **G ★** Holy Trinity **I** M.Manze, Maltby Street Market **J** Brawn.
Hélène Le Tac pour : **A ★** Toutes sauf National Gallery, National Portrait Gallery, Westminster Abbey **B ★** Temple, Transports Museum, Covent Garden **C ★** St Stephen Walbrook, 30 St Mary Axe **D ★** Foundling Museum, Regent's Canal **E ★** Toutes sauf Regent's Park, Handel & Hendrix in London **F ★** 18 Stafford Terrace, Notting Hill, Holland Park **G** Anthropologie **G ★** V & A Museum, Science Museum, The London Oratory, Belgrave Sq, Chelsea Physic Garden **H** Cubana **H ★** Blackfriars Bridge, BFI Southbank **I ★** Shakespeare's Globe Exhibition, Millenium Bridge **J ★** V&A Museum of Childhood, Docklands.
Shutterstock pour : **Bienvenue à Londres** ©ZGPhotography **Incontournables** Westminster ©FenlioQ, Buckingham ©David Steele, National Gallery ©anastas_styles, British Museum ©Viiviien, St Paul's ©Konstantina Baferou, Hyde Park ©Samuele Culicchi, Tate Britain ©Claudio Divizia, Tate Modern ©Tom Eversley, Marchés ©csp, Notting Hill ©QQ7 **Autrement** Étang ©Alex Segre, Cinéma ©Travers Lewis, Comédie musicale ©DeymosHR, toboggan ©BBA Photography, Colour Walk ©Elena Rostunova, teckel ©David Pecheux, Silent disco ©Aleksandar Kamasi **3 jours** Ht g. © RoFerr, ht d. ©Spiroview Inc, b. d. ©Ron Ellis **Repères** ©Alla Tsyganova **Bons plans** ©Magdanatka A Fortnum and Mason ©Willy Barton, Floris ©Gary Perkin **A ★** National Gallery ©Inna Zabotnova, Westminster Abbey ©Grzegorz_Pakula **B** Liberty ©IR Stone **B ★** Saint-Martin-in-the-Fields ©Chrispictures, Royal Academy of Arts ©chrisdorney **C ★** Barbican Estate ©cktravels.com **D** Poppies Fish & Chips ©Libpio3, Coal Drops Yard ©Eugene Regis **D ★** Gasholder Park ©Peter Moulton, British Library ©gabriele gelsi, Primrose Hill ©anders photo, Granary Sq ©Ron Ellis **E** Mercato Metropolitano ©Rachel Shalom, Paul Rothe & Son ©Kauka Jarvi, Daunt Books ©inProgress Imaging **E ★** Regent's Park ©Lois GoBe, Hyde Park ©YKD **F** Churchill Arms © mikecphoto **F ★** Portobello Road Market ©Willy Barton, Little Venice ©A and J King, Leighton House ©Bas Photo **G** Thomas Cubitt ©Chrispictures, The Sea, The Sea ©Matthew Rose, Harrods ©Eyesonmilan **G ★** Saatchi Gallery © Andersphoto **H** Southbank Centre Food Market © Paolo Paradiso, Konditor & Cook ©Diana Vucane, The Old Vic ©Ale Argentieri **H ★** Southbank Centre ©Elena Rostunova, Newport Street Gallery ©Eugene Regis, London County ©Hall globe trotters, Aquarium ©flypaper planesww, Imperial War Museum ©cowardlion **I** The Anchor ©Marius_Comanescu, Neal's Yard Dairy ©phaustov **I ★** Southwark Cathedral ©Wang Sing, Tate Modern ©Kamira, The Shard ©Alena Veasey, St Katharine Docks ©Philip Bird LRPS CPAGB **J** Old Spitalfields ©Market HouseOfMan, E. Pellicci ©cktravels.com, Noodle & Beer ©Jo Fan Chen, Columbia Rd Flower Market ©csp **J ★** Aquatics Centre ©Esther Barry, The Old Truman Brewery ©phaustov, Victoria Park ©cktravels.com, Canary Wharf ©I Wei Huang **Balades** Virée pop rock ©Travers Lewis, Street art ©Claudio Divizia Regent's Canal Towpath ©cktravels.com **Environs** Greenwich ©Pajor Pawel, Kew Gardens ©Mate Kovacs
Autres : **Autrement** *afternoon tea* ©Selfridges **B** Louche ©Graham Turner **B ★** British Museum ©Nigel Young / Foster+Partners **F** Little Yellow Door ©E-piks **Balades** Street art : Banksy & Co. *Hérisson* de Roa ©EQRoy

Édition mise à jour, publiée en 2023

1er dépôt légal : oct. 2000
Dépôt légal : janvier 2023
Numéro d'édition : 547715
ISBN 978-2-7424-6440-1
Photogravure : Desk (Laval).
Imprimé en Chine par C&C Offset.

Lignes de métro à Londres

† Services or access at these stations are subject to variation. To check before you travel, visit tfl.gov.uk/plan-a-journey

† Bond Street - Elizabeth line station opening soon.

† East Acton - Eastbound trains and all Night Tube services will not stop until autumn 2022.

† Hounslow West - Step-free access for manual wheelchairs only.

† Paddington - Bakerloo line step-free access via Elizabeth line station entrance.

Correct at time of going to print. For

MAYOR OF LONDON

tfl.gov.uk

24 hour travel information
0343 222 1234*

*Network charges may apply. See tfl.gov.uk/terms for details.

Reg. user No. 22/S/3601/P

Improvement works may affect yo